Reinhard Barth

Mischlings-hunde

Praktische Ratschläge
für Haltung, Pflege und Erziehung

1. Auflage
Mit 50 Abbildungen, davon 43 farbig

Parey Buchverlag Berlin 1999

Parey Buchverlag im
Blackwell Wissenschafts-Verlag
Kurfürstendamm 57, D-10707 Berlin

e-mail: parey@blackwis.de
Internet: http://www.parey.de

Das Kapitel „Gesundheit“ wurde von Dr. med. vet. Peter Brehm, das Kapitel „Ernährung“ von Dipl.-vet. med. Lutz Salomon verfaßt.

Die Deutsche Bibliothek – CIP-Einheitsaufnahme

Mischlingshunde : praktische Ratschläge für Haltung, Zucht, Pflege und Erziehung / Reinhard Barth. [Das Kap. „Gesundheit“ wurde von Peter Brehm, das Kapitel „Ernährung“ von Lutz Salomon verf.]. – 1. Aufl. – Berlin : Parey, 1999
(Dein Hund)
ISBN 3-8263-8504-7

Einbandgestaltung: Rudolf Hübler, Berlin, unter Verwendung einer Abbildung von Claudia Pfister, Berlin

Satz und Repro: Type-Design, Berlin
Druck und Bindung: Grafos S.A. Arte sobre papel, Barcelona

Gedruckt auf chlorfrei gebleichtem Papier

Printed in Spain • ISBN 3-8263-8504-7

Vorwort

Häufiger noch als die beliebteste Hunderasse sind heute Mischlingshunde Gefährten des Menschen – und sie benötigen in gleichem Maße Pflege, Zuwendung und Erziehung wie ein Rassehund.

Trotz – oder auch wegen – der zuweilen schon bizarr anmutenden „weltanschaulichen Differenzen“ zwischen bestimmten Hundefreunden, die fanatisch entweder auf Mischlingshunde oder auf Rassehunde schwören, ist zunächst einmal grundsätzlich festzustellen: Die spezifischen Wesenseigenschaften und Verhaltensweisen, die den Hund – mag er nun noch als Abkömmling des Wolfes erkennbar sein oder nicht – zum ältesten tierischen Gefährten des Menschen, zum „einzigen Freund, den man sich kaufen kann“, gemacht haben, sind Mischlingshunden wie Rassehunden nach wie vor gemeinsam. Daneben gibt es allerdings auch noch einige Merkmale und Faktoren, bei denen durchaus beachtliche Unterschiede zwischen Mischlingshunden und Rassehunden feststellbar sind.

Dieses Buch über Mischlingshunde macht die Unterschiede zwischen Mischlings- und Rassehunden ebenso deutlich wie die überwiegenden Gemeinsamkeiten. Vor allem aber vermittelt es den Liebhabern von Mischlingshunden das erforderliche Grundwissen für eine artgerechte Hundehaltung: Körper- und Wesensmerkmale, Sinnesorgane und Lernverhalten, Entwicklungsphasen und Ausbildungsmöglichkeiten.

Besondere Bedeutung kommt heute dem Problem der Zucht von und mit Mischlingshunden zu, die nur zu oft als verantwortungslose Vermehrung betrieben wird; auch hierzu findet der Leser klare Aussagen und hilfreiche Hinweise.

Darüber hinaus erhält der Liebhaber von Mischlingshunden praktische Ratschläge zur Auswahl von Welpen und bereits erwachsenen Hunden, zur Pflege, Erziehung, Ernährung und Gesundheit.

Dem verständigen Leser dieses Buches sollte es nicht schwerfallen, seinem Mischlingshund zu einer angemessenen Lebensqualität zu verhelfen und das Verhältnis zwischen Mischlingshunde- und Rassehundeliebhabern zu entkrampfen.

Dr. Wilfried Peper
Dortmund, im Dezember 1998

Die Innovation

Der Aktive Gesundheitsbeitrag

von Pedigree® PAL®

Pedigree® PAL® setzt neue Maßstäbe. Denn jetzt leistet bereits die Ernährung einen aktiven Gesundheitsbeitrag!
Die Innovation: Das neue Pedigree® PAL® mit aktivem Gesundheitsbeitrag.

Es unterstützt:

- die natürlichen Abwehrkräfte des Hundes
- ausgezeichnete Bekömmlichkeit
- gesunde Haut und glänzendes Fell

Durch:

- eine neuentwickelte Vitamin-Mineralstoffkombination
- speziell ausgewählte Ballaststoffe
- besonders wertvolle Öle

Das neue Pedigree® PAL® bietet besten Geschmack durch ausgesuchtes, leckeres Fleisch. Die einzigartige Wirkkombination unterstützt die Gesundheit und das Wohlbefinden Ihres Hundes. Das neue Pedigree® PAL® mit aktivem Gesundheitsbeitrag.

Mit unseren Tierärzten entwickelt, von erfolgreichen Züchtern empfohlen.

Inhalt

Vom Wolf zum Haushund

Viele Jahrtausende sind verstrichen, seit der erste Wildhund zum Menschen gefunden hat, gezähmt wurde und sich als Helfer im Dasein der Urvölker nützlich machte. Alle bisherigen Forschungen ergaben eindeutig, daß alleiniger Ahnherr des Haushundes der Wolf ist. Aus ihm entwickelte sich der Wildhund, der aufgrund erstaunlicher Anpassungsfähigkeit, Klugheit und Selbsteinzähmung in von Menschen bewohnten Regionen bald seine Wildheit und Unabhängigkeit aufgab und sich in die menschliche Gemeinschaft einordnete.

Aus Erkenntnissen der modernen Verhaltensforschung wissen wir heute, daß Hunde, neben Katzen und Greifvögeln, in die biologische Leistungsgruppe der Beutegreifer zu stellen sind. Vertreter solcher Tiere entwickeln auch Beziehungen zum Menschen. So tritt der Hund in ein Meuteverhältnis ein, meist eine Zweierbindung, in der der Mensch die Rangstellung des Meute- oder Rudelführers einnimmt. Diese

Wolfsfamilie. In Jahrtausenden züchterischer Arbeit entstand aus den Wölfen eine neue Spezies, der Haushund.

Grunderkenntnis läßt verstehen, daß der sich der menschlichen Rudelgemeinschaft anschließende Wildhund zum Wächter, Beschützer und Jagdgefährten unserer vor Tausenden von Jahren noch nomadisierenden Vorfahren wurde.

Knochenfunde und Einritzzeichnungen in Felsplatten zeigen, daß zur Jungsteinzeit – etwa 6000 bis 4000 v. Chr. – bei den alten Ägyptern Haushunde gehalten wurden. Die eigentliche Zeit der Haustierwerdung dürfte daher in diesen Regionen noch um etliche Jahrtausende früher liegen. In der religiösen Ära Ägyptens spielte der Hund vor allem im Totenkult eine große Rolle.

Auch in Mitteleuropa war der Hund bereits in prähistorischer Zeit ein beliebtes und verbreitetes Haustier. Ausgrabungen in Deutschland und in der Schweiz förderten Knochenfunde zutage, die verschiedene mittelgroße Hundeschläge von rundlicher Kopfform nachweisen.

Bei den alten Griechen wurde der Hund sehr geschätzt, genoß jedoch keine göttliche Anbetung wie bei Ägyptern und Assyrern. Die Perser verehrten ihre Hunde und behandelten sie gut, da sie ihnen eine Rolle in der Seelenwanderung einräumten. Auch bei den Chinesen gibt es sehr alte Überlieferungen, die den Hund rühmlich erwähnen. Von den Römern

Der Hund – Freund und Begleiter des Menschen

und Karthagern wird berichtet, daß sie zahlreiche Rassen für die verschiedensten Zwecke besaßen, deren Leistungen hoch anerkannt und geachtet wurden. Hier fielen jedoch auch bestimmte Eigenschaften der Verachtung anheim, woher der Schimpfbegriff „hündisch“ stammen soll; übertriebene Liebe zum Hund wurde verhöhnt. Die alten Germanen verwendeten Hunde überwiegend als Kriegsgehilfen und bei der Jagd. Vom Altertum bis zur Neuzeit wird über den Hund als Freund und Begleiter des Menschen berichtet. Er fand für die verschiedensten Hilfsdienste Verwendung, wurde verehrt und geachtet, war aber auch von jeher das Opfer schlechter oder gar sadistischer Behandlung.

Die Fähigkeit zu schneller Veränderung und Anpassung an die verschiedensten Umweltverhältnisse ist die Voraussetzung für die ungeheure Vielfalt der sich im Lauf der Jahrtausende entwickelnden Hundeformen und Rassen. So wird mit Recht mancher fragen: Können denn die kleinen Zwergpudel, Pekingesen, Malteserhündchen wie auch viele andere Zwergrassen den Wolf als Ahnherrn haben? So unglaublich das zuerst erscheinen mag, es ist der Fall. Nach heutiger wissenschaftlicher Erkenntnis sind alle diese Rassen aus einem Zusammenspiel züchterischer Experimente des Menschen mit den Ergebnissen von Mutationen – das sind in der Natur plötzlich auftretende erbfeste Abweichungen – entstanden. Extreme Abnormitäten werden zwar in der Wildnis rasch im Kampf ums Dasein ausgemerzt, der züchtende Mensch hat jedoch ausgefallene Mutationsformen seit langer Zeit gehegt und durch entsprechende Zuchtwahl noch verstärkt erhalten.

So werden Zwergwuchs und Mopsgesichtigkeit als Sonderfälle derartiger Mutationen anzusehen sein, wobei das Verlangen erkennbar wird, einen Typus herauszuzüchten, der in Aussehen und Verhalten dem jungen Hund ähnelt. Letzten Endes sind aber auch diese Formen trotz aller Eigenartigkeit Wolfserbe. In Jahrtausenden züchterischer Arbeit hat der Mensch die Haustierspezies nach den Vorstellungen und Erfordernissen seiner Existenz geformt. Wir wissen, daß die zahlreichen Gebrauchshunderassen mit ihrem physischen und psychischen Formenreichtum der züchterischen Phantasie und Erfahrung des Menschen entstammen, weil alle Grundformen und Funktionen des Organismus „Hund“ genetisch bedingt sind und daher veränderbar waren.

Die Anpassungsfähigkeit und der stark entwickelte Unterordnungstrieb des ursprünglich in der Meute laufenden Tieres führten durch Einwirkung des Menschen zu Ergebnissen, die im krassen Gegensatz zum eigentlichen Hetz- und Raubverhalten des Wolfes lagen. Die Krönung dieser Wandlung ist der Hüte-, Wach- und Begleithund, der neben seinem ursprünglichen Ein-

Selbstbewußt und aufmerksam

satz als Jagdgehilfe zum Helfer und Beschützer des Menschen wurde.

Vieles, was Praktiker sich im einfühlsamen, den natürlichen Gegebenheiten nachempfundenen Umgang mit Hunden empirisch erarbeiteten, was sie anwandten und weitergaben, hat die moderne Verhaltensforschung bestätigt. So haben auch die Erkenntnisse Fehringers („Wolf und Hund") heute noch Gültigkeit: „Was zwölftausend Jahre mühevoller Kleinarbeit aus dem Wildling Wolf gemacht haben, bleibt stets eine Großtat menschlicher Kulturleistung. Die Entdeckung des Wolfes als Ahnherr unserer Hunde soll uns nicht zu fragwürdigen Rückkreuzungsexperimenten berauschen, sondern eine wirksame Hilfe sein zum Verständnis unseres ältesten und wertvollsten Hausgenossen.

Den Wolf im Hunde zu sehen, ist eine ständige Quelle interessanter und aufschlußreicher Beobachtungen, bewahrt vor Überforderungen und beglückt durch das Bewußtsein, daß hier dem Menschengeschlecht einmal ein Meisterstück tatsächlich gelungen ist, ein wildes Tier so zu zähmen, es an Haus und Herz zu binden, daß auch das Tier sich dabei wohl fühlt und in seiner ihm noch verbliebenen naturhaften Ursprünglichkeit täglich neu beglückt."

Mischlingshunde und Rassehunde

Keine andere Frage wird von Hundebesitzern so ausdauernd und verbissen diskutiert wie die, ob nun ein Mischling oder ein reinrassig gezüchteter Hund der bessere Gefährte sei. Der Mischling ist gesünder, hat keine zuchtbedingten Wesens- oder Verhaltensschwächen, ist intelligenter und überhaupt, richtig lieb ist eben nur ein Mischling, sagen die einen. Der Rassehund ist klar definiert, man weiß, was man bekommt, die Gesundheit der Zucht wird ständig kontrolliert und außerdem sei edles Geblüt durch nichts zu ersetzen, entgegnen die anderen. Versuchen wir den Inhalt dieser Debatte auf die Fakten zu reduzieren.

Innerhalb der Jahrtausende, in denen Hunde in menschlicher Gemeinschaft gehalten und gezüchtet wurden, kann man eigentlich von reinen Rassen erst von dem Zeitpunkt an sprechen, von dem sich die Zucht einzelner Rassen stammbuchmäßig belegen läßt – als aus mehr oder weniger rasselosen Gebrauchshundschlägen von meist begrenzter regionaler Verbreitung systematisch Hunderassen erzüchtet wurden.

Zweieinhalb Jahre alte Mischlingshündin

Diese Entwicklung begann in den 70er Jahren des vorigen Jahrhunderts und liegt bei den meisten Rassen weniger als hundert Jahre zurück.

Einige Hunderassen wurden sogar erst in der zweiten Hälfte dieses Jahrhunderts erzüchtet und von der F.C.I. als Rassen anerkannt.

Wenn eine Rasse nicht neu entdeckt, sondern aus zwei oder mehreren „alten" Rassen erzüchtet wird (wie z. B. Kromfohrländer oder Eurasier), so dauerte es natürlich eine beträchtliche Zeit – nämlich eine Vielzahl von Generationen –, um das angestrebte einheitliche Erscheinungsbild der neuen Rasse genetisch hinreichend zu stabilisieren.

Dieser Hinweis soll lediglich deutlich machen, daß es keinen unüberbrückbaren Unterschied in der Herkunft sogenannter reinrassiger Hunde, die in den verschiedenen Stammbüchern der Rassehundevereine eingetragen sind, und der Herkunft der überall in der Welt vorkommenden Mischlinge gibt.

Nur muß man sich bei der Wahl zwischen einem Rassehund mit anerkannter Ahnentafel und einem Mischling klarmachen, daß bei durchgezüchteten Rassen sowohl hinsichtlich des äußeren Erscheinungsbildes als auch hinsichtlich der Wesenseigenschaften jedes Hundeindividuums bestimmte, im Rassestandard beschriebene Merkmale erwartet werden dürfen, die eine Entscheidung darüber erheblich erleichtern, ob der Hund zu seinem künftigen Halter und zu dessen Lebensverhältnissen paßt.

Im Mischling stecken unter Umständen Wesensmerkmale und Eigenschaften verschiedener, oft sehr unterschiedlicher Rassen, deren Auswirkungen in der Rudelgemeinschaft und der Umwelt nicht vorherzusehen sind. Daß trotzdem Mischlinge oft besonders liebe, anhängliche und leistungsfähige Tiere sind, steht außer Zweifel.

Schoke („Hundeausbildung") führt dazu aus: Bei einem Rassehund gibt es natürlich eine gewisse Sicherheit über die zu erwartenden körperlichen Merkmale des erwachsenen Hundes. Eine Wesensart ist dem Rassehund normalerweise ebenfalls vorbestimmt. Ein Mischling, sofern wir keine eindeutigen Anhaltspunkte über die Rassezugehörigkeit der Elterntiere besitzen, ist einer Wundertüte sehr ähnlich. Was am Ende herauskommt, läßt sich beim Anblick eines Mischlingswelpen auch von ausgefuchsten Kynologen kaum prognostizieren. Die vierbeinige „Hunde-Wundertüte" öffnet sich im Laufe des Reifeprozesses täglich ein kleines Stück und wird für uns manche Überraschung bereithalten. Der Welpe, von dem wir felsenfest annahmen, er müsse ein Schäferhundmischling sein, entpuppt sich im Alter von einigen Monaten plötzlich als Anatolischer Hirtenhund. Ein kleiner schwarzer Wuschel, dem wir kaum fünfzig Zentimeter Schulterhöhe zu-

Hinweis darauf, daß Mischlinge Fähigkeiten im Hinblick auf ihre Sinne oder ihr Wesen gegenüber einem ursprünglich beteiligten Rassehund zwangsläufig verlieren.

In diesem Zusammenhang stellt Helga Eichelberg, eine in kynologischen Fragen wissenschaftlich ausgewiesene Zoologin, nachdrücklich fest, daß sich „im genetischen Konzept aller Rassen noch immer die typischen hundlichen Eigenschaften, wie etwa Sozialverhalten, Beuteverhalten usw., finden. Dies ist übrigens auch ein Grund dafür, weshalb ein Hund den Vertreter einer anderen Rasse noch immer als Artgenossen erkennt, was bei einer reinen Exterieurbetrachtung kaum denkbar wäre." Und sie weist schließlich darauf hin, daß selbst bei hochspezialisierten Hunderassen „die verschiedenen Rassevertreter durchaus nicht so spezialisiert sind wie ihre Rassezugehörigkeit es auszuweisen scheint".

Um die wichtigsten Punkte, die sich die Liebhaber von Mischlingshunden stets vergegenwärtigen müssen, noch einmal zusammenzufassen:

Äußeres Erscheinungsbild und „Abkunfts-Rassen"

Bei einem Mischlingswelpen, bei dem man nicht beide Eltern kennt, läßt sich keine Voraussage über das äußere Erscheinungsbild des ausgewachsenen Hundes machen (also über Größe, Knochenstärke, Ohrhaltung, Kopf- und Körperproportionen, u. U. nicht einmal über die endgültige Haarstruktur); selbst bei Mischlingswelpen, deren Eltern man kennt, ist die „Wundertüte" noch sehr groß; sie ist um so größer, je stärker die Größenunterschiede zwischen den Elterntieren sind und je mehr Rassen jedes Elterntier bereits in sich vereinigt. Dementsprechend sind bei einem erwachsenen Mischling nur sehr schwer und sehr begrenzt Rückschlüsse auf die Rassen der beteiligten Elterntiere möglich.

Intelligenz und Leistungsfähigkeit

Mischlingshunde sind weder dümmer noch intelligenter als Rassehunde, und sie sind auch nicht leistungsschwächer oder leistungsstärker als diese – Mischlingshunde sind ganz einfach weniger spezialisiert als bestimmte Hunderassen, zu deren rassespezifischen Besonderheiten eben die Disposition für ganz bestimmte, besonders ausgeprägte Fähigkeiten und Fertigkeiten gehört. Dafür ist bei Mischlingshunden eher eine ausgeglichene Ausprägung des für alle Caniden typischen Anlagenspektrums zu erwarten.

Gesundheit

Mischlingshunde sind weder gesünder noch weniger gesund als Rassehunde; sie sind in der Regel lediglich vor der Inzuchtdepression sicher, einem Übel, das bei fehlerhafter Wahl sehr eng verwandter Elterntiere durch unqualifizierte Züchter auftreten kann, und vor den Folgen der „Übertypisierung“, d. h. der züchterischen Förderung einer übertriebenen Ausprägung bestimmter Rassemerkmale, die dazu führen kann, daß bei manchen Hunderassen Schwierigkeiten bei wichtigen Lebensfunktionen auftreten (z. B. Schwierigkeiten beim Werfen wegen zu großer Welpenköpfe; Atemschwie-

Eine Hundeschönheit, die auch in Gesellschaft von Rassehunden bestehen kann: Irish Setter/Golden Retriever-Hündin (vorne links)

rigkeiten bei brachycephalen Rassen, d. h. Rassen mit extrem kurzem Vorgesicht). Ohne diese – quantitativ glücklicherweise nicht übermäßig ins Gewicht fallenden – züchterischen Fehlleistungen, die von verantwortungsbewußten Rassehundezüchtern zu Recht als „Qualzucht“ bezeichnet werden, dürfte das Gros der übrigen Rassehunde infolge guter, ausgewogener Ernährung und gezielter Zucht- und Gesundheitsförderungsprogramme (HD-Bekämpfung!) zumindest genauso gesund, bei einigen Rassen u. U. sogar noch gesünder sein als das Gros der Mischlingshunde.

Daseinsrisiken

Mischlingshunde sind aufgrund ihres geringeren „wirtschaftlichen“ Wertes praktisch einem höheren Risiko ausgesetzt, durch mangelhafte Sachkunde ihrer Halter zu Schaden zu kommen oder im Tierheim zu landen. Es ist ein Ziel dieses Buches, dieses Risiko vermindern zu helfen.

Den Blick immer auf den Menschen gerichtet

Körper, Sinne und Wesensmerkmale

Anatomie und äußeres Erscheinungsbild

Jeder Hundebesitzer sollte gewisse Grundkenntnisse über den Körperbau des Hundes erwerben und die üblichen allgemeinverständlichen Bezeichnungen der wichtigsten Körperteile kennen. Die Zeichnungen auf den folgenden Seiten liefern die Informationen dazu.

Die Haarformen

Der Wildhund besaß ursprünglich sogenanntes Stockhaar: reichlich Unterwolle und mittellanges derbes Deckhaar. Das findet man heute noch besonders ausgeprägt bei nordischen Rassen (z. B. den Schlittenhunden) und einigen asiatischen Hirtenhundrassen. Aus diesem Stockhaar entwickelten sich die drei Haupthaarformen, wie wir sie jetzt bei unseren Hunden kennen: Kurzhaar, Langhaar, Rauhhaar.

Die im folgenden genannten Merkmale können Besitzer von Mischlingshunden auch an ihren Tieren feststellen; nur der Deutlichkeit halber sind Rassehunde als Beispiele ausgeführt.

Der kurzhaarige oder glatthaarige Hund

Dieses Haarkleid hat sich aus kurzem Stockhaar durch langsames Verschwinden der Unterwolle entwickelt. Es soll dicht, glatt und glänzend sein (z. B. Boxer, Dobermann, Kurzhaarteckel). Als eigentümliche Sonderform ist der aus Lateinamerika stammende „Nackthund" zu bezeichnen, der bis auf kleine Haarbüschel am Ohr und an der Rute völlig haarlos ist.

Der langhaarige Hund

Das Langhaar hat sich aus dem Langstockhaar nach Verlust der Wollhaare und dem Feinerwerden der Deckhaare herausgebildet. Wir beobachten hierbei langes, glattes und glänzendes Haar (z. B. Deutsch-Langhaar, die Setter-Rassen, Langhaarteckel), langes Haar mit dichter Unterwolle und abstehendem Deckhaar (Chow-Chow), langzottiges mit dichtem Unterhaar (Komondor, Puli), langzottiges ohne dichtes Unterhaar (altdeutscher Schäferhund) und langes dünnes Seidenhaar (Spitz, Japan-Chin, Malteser). Außerdem unterscheidet man beim langhaarigen Hund schlichtes, gewelltes oder gelocktes Langhaar (Kraushaar).

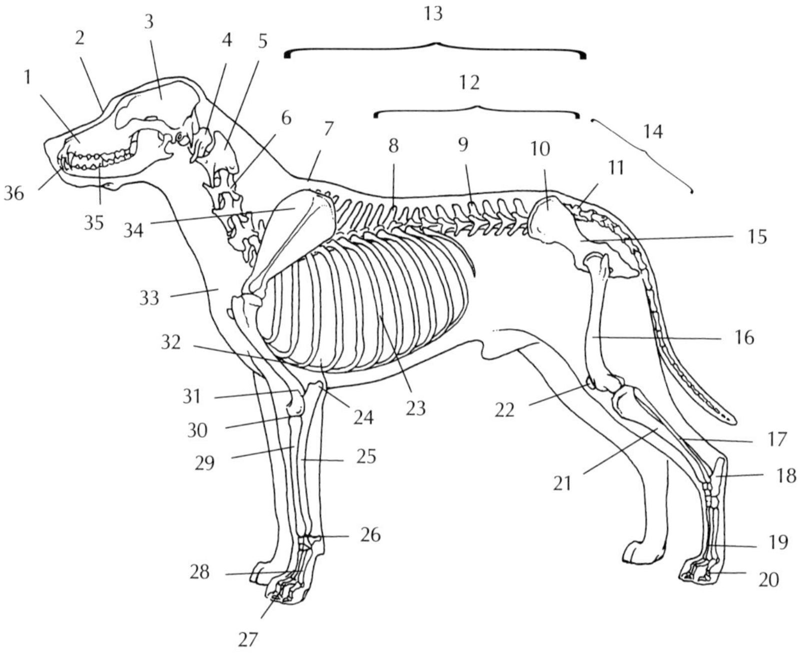

1 *Oberkiefer*
2 *Stirnabsatz, Stop*
3 *Hirnschädel*
4 *Halswirbel, Atlas*
5 *Halswirbel*
6 *4. Halswirbel*
7 *Widerrist*
8 *8. Brustwirbel*
9 *4. Lendenwirbel*
10 *Kreuzbein*
11 *1. Schwanzwirbel*
12 *Lende*
13 *Rücken*
14 *Kruppe*
15 *Becken, Hüftbein*
16 *Oberschenkelbein*
17 *Wadenbein*
18 *Fersenbein*
19 *Hintermittelfuß*
20 *Zehenknochen*
21 *Schienbein*
22 *Kniescheibe*
23 *Rippen*
24 *Ellenbogenpunkt*
25 *Elle*
26 *Vorderfußwurzel*
27 *Zehenknochen*
28 *Vordermittelfuß*
29 *Speiche*
30 *Kniegelenk*
31 *Oberarmbein*
32 *Brustbein*
33 *Vorbrust*
34 *Schulterblatt*
35 *Unterkiefer*
36 *Lippen, Lefzen*

Skelett des Hundes (hier: Vorstehhund) mit Benennung der Körperteile

Beim langhaarigen Hund werden langhängendes Seidenhaar an der Rute als „Fahne“, abstehendes an den Läufen als „Federn“ bezeichnet (z. B. Setter, Langhaarteckel). Bei langzottigen Hunden mit dichter Unterwolle verfilzen die Zotten (Zotthaar), die auch eine Schnürenbildung zeigen können (Schnürenpudel, Puli). Als Strupphaar erscheinen verschiedene vermischte Haarformen, die überwiegend bei Mischlingen zu finden sind.

Der rauhhaarige Hund
Dieser Hund hat sich erst aus späteren Kreuzungszuchten zwischen Kurzhaar- und Langhaarformen entwikkelt.

Er hat ein aus hartem, meist relativ kurzem drahtigem Haar bestehendes Fell. Man bezeichnet diese Haarform spezifisch sogar als Drahthaar oder Stichelhaar. Rauhhaarig sind z. B. Deutsch-Drahthaar, Schnauzer, Rauhhaarteckel.

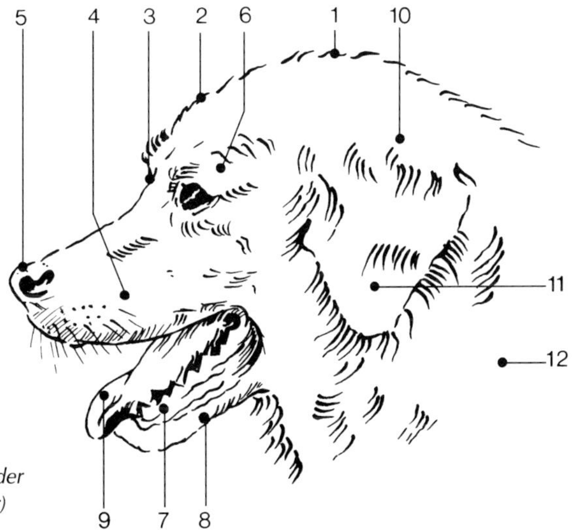

1 *Schädeldecke*
2 *Stirn*
3 *Stop (Stirnabsatz)*
4 *Fang*
5 *Nasenspiegel*
6 *Auge und Augenlider*
7 *Gebiß (Unterkiefer)*
8 *Lefzen*
9 *Zunge*
10 *Ohransatz*
11 *Behang (oder Stehohr)*
12 *Halsansatz*

Der Kopf des Hundes

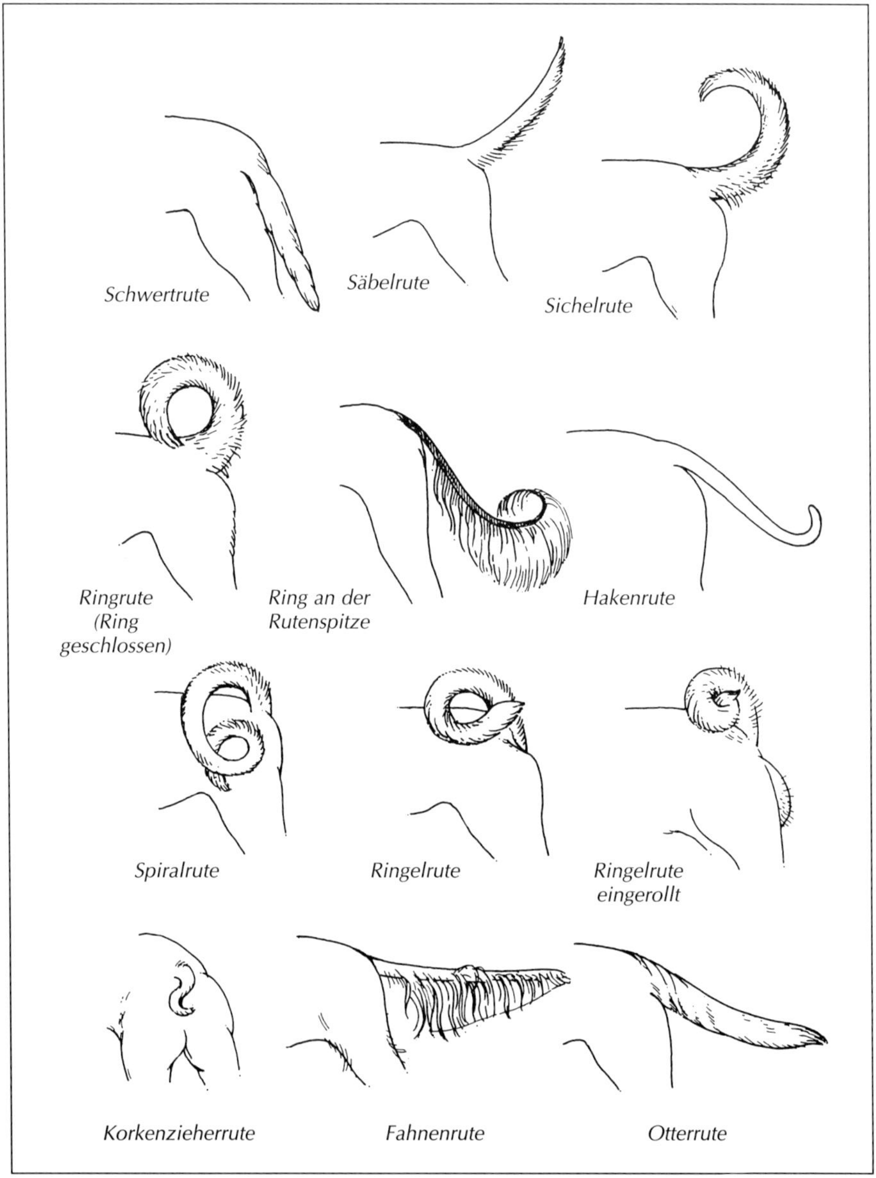

Rutenformen

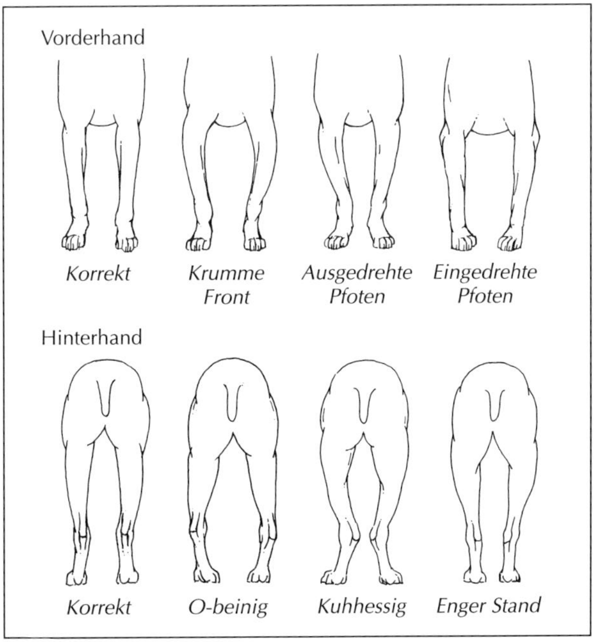

Front und Hinterhand

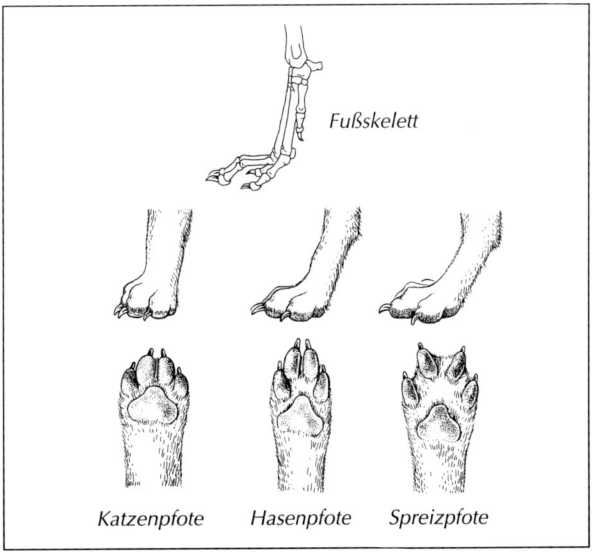

Pfoten

Wolfsohr
Natürliches Stehohr
Tulpen- oder Fledermausohr
Kippohr
Knopfohr
Rosenohr
Hängeohr
Lappenförmiges Ohr

Ohren

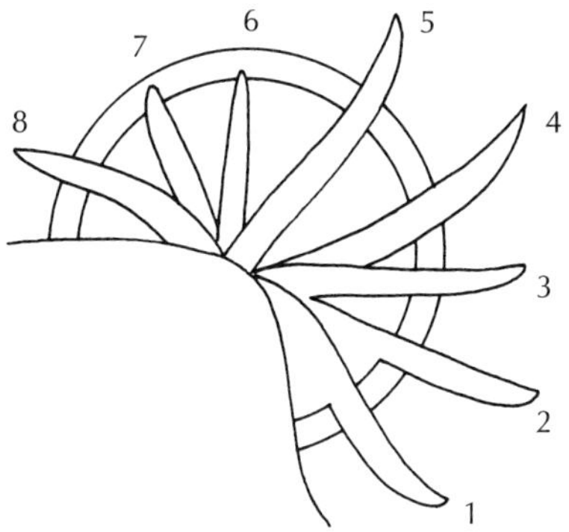

1 *hängend*
2 *unter der Rückenlinie*
3 *waagerecht*
4 *über der Rückenlinie*
5 *halbmast*
6 *aufrecht*
7 *fröhlich*
8 *überzogen*

Rutenhaltung

Anschließend noch einige Erläuterungen zu Haarfarben und Farbmustern von Hunden, soweit sie umgangssprachlich nicht ohne weiteres nachvollziehbar sind: Eine „Maske" ist ein auffällig dunkel gefärbtes Hundegesicht; „Platten" sind große, aneinander liegende Flecken auf hellem Untergrund; „gestromt" bedeutet regelmäßige Reihen dunkler Haare auf einfarbigem Grund; „Sattel" ist eine dunkle Platte, meist schwarz, die den Rücken bedeckt, „Mantel" eine Platte, die den Körper bis an die Beine, den Hals und die Rute umzieht. „Aalstrich" ist eine dunkle Linie über den Rückenfirst und „Schecke" ein Muster von hellen und dunklen Flecken. „Harlekin" nennt man ein Farbmuster aus Weiß und Schwarz, „Isabel" sieht etwa so aus wie ungebleichter Flachs, „Loh" und „Brand" sind rostbraune Farben.

Die Sinne des Hundes

Die Sinnesorgane dienen bekanntlich zur Aufnahme aller von außen auf den Organismus einwirkenden Reize. Als Sinnesorgane bezeichnen wir insbesondere Geruchs-, Geschmacks-, Seh-, Gehör- und Tastsinnorgane.

Daneben können auch solche Empfindungen wahrgenommen werden, die im Körper selbst entstehen, wie Organempfindungen (z. B. Tiefenschmerz) und Allgemeingefühle (Hunger, Durst, sexuelles Empfinden).

Im Gegensatz zum Menschen und zu vielen anderen Tieren sind beim Hund diese Organe ihrer Bedeutung nach wie folgt zu reihen: Geruchssinn, gekoppelt mit Geschmacksempfinden (Nasenarbeit), Gehör, Auge, Gefühl (z. B. Druckempfindung).

Daß Welpen schon kurz nach der Geburt Riechfähigkeiten im Hinblick auf einen von den mütterlichen Zitzen abgegebenen Duftstoff erkennen lassen, hat ein russischer Physiologe nachgewiesen, wie Trumler berichtet und bestätigt. Hieraus geht hervor, welch enorme Bedeutung vom Tag der Geburt an der besonders ausgeprägte

Kurzhaar (Pointer-Mischlingshündin)

Geruchssinn für ein ganzes Hundeleben darstellt. Die feuchte und kalte Nase ist in diesem Zusammenhang immer ein Zeichen von Gesundheit. Die Feinheit der Hundenase (er sucht mit hoher und tiefer Nase) befähigt zu großer Leistung im Suchen und Spüren; je nach Veranlagung und Interesse, das er der Fährtenarbeit entgegenbringt, wird dies zu unterschiedlichen Ergebnissen führen.

Man bezeichnet den Hund deshalb auch als „Nasentier". Sein enormes Riechvermögen resultiert in erster Linie aus dem stets feuchten Nasenschwamm als Ortungsorgan, ergänzt durch die Riechschleimhaut im Naseninnern, deren Anzahl an Sinneszellen bis zu dreißigmal größer als beim Menschen und mit viel feineren Nervenenden ausgestattet ist. Das Riechvermögen ist für uns Menschen so unvorstellbar fein, daß beispielsweise menschliche oder tierische Ausdünstungen (z. B. Schweiß) in millionenfacher Verdünnung vom Hund noch wahrgenommen bzw. erkannt werden.

Der nächstausgeprägte Sinn ist das Gehör. Wir wissen, daß unsere Hunde anscheinend fest schlafen und dennoch in der Umgebung auftretende Geräusche wahrnehmen und sofort darauf reagieren, wenn ein bestimmter Laut ihr Ohr erreicht. Sowohl ungewohnte und nicht vertraute Laute als auch solche aus der vertrauten täglichen Umwelt in der häuslichen Rudelgemeinschaft, die eine Bedeutung für das Tier haben (z. B. Anziehen eines Kleidungsstückes, was auf Ausgehen deuten könnte), lösen Wachwerden und Folgereaktionen aus. Oft sind es Geräusche, die wir Menschen in ihrer Frequenz mit unserem Ohr gar nicht oder nur aus nächster Nähe wahrnehmen können.

Plötzlich werden wir durch leises Knurren oder scharfes Lautgeben auf eine Störung aufmerksam gemacht. Das ausgezeichnete Witterungsvermögen und das gute Gehör unseres vierbeinigen Freundes sorgen für unseren Schutz in Haus und Hof sowie für Begleitschutz unterwegs.

Schoke („Hundeausbildung") bemerkt dazu: Das Sehvermögen eines Hundes unterscheidet sich stark von dem des Menschen. Sind wir in Ermangelung anderer hochentwickelter Sinne überwiegend auf optische Wahrnehmung angewiesen, folgt der Hund primär seinem Geruchssinn und ortet kleine Beutetiere zumeist akustisch. Das Blickfeld des Hundes ist mit ungefähr 220–250 Grad erheblich größer als das des Menschen, welches nur ca. 100 Grad beträgt.

So kann der Hund, ohne den Kopf zu drehen, einen mehr als doppelt so großen Bereich überblicken als der Mensch. Dafür sieht der Hund seine Umwelt nicht annähernd so scharf und detailliert wie wir. Sein Sehvermögen ist bewegungsorientiert; statische Objekte nimmt er auf kurze Distanz nicht mehr wahr.

Langhaar (Berner Sennenhund/Schäferhund-Mischlingsrüde)

Diese Art zu sehen, ist perfekt auf die Bedürfnisse eines Raubtieres abgestimmt. Während ein Beutetier, selbst wenn es sich farblich kaum vom Hintergrund abhebt, aufgrund seiner Bewegung aus großer Entfernung wahrgenommen werden kann, bleiben unbedeutende Informationen wie das filigrane Blattwerk einer Hecke unberücksichtigt.

Der Geschmackssinn, der, wie oben bemerkt, eng mit dem Geruchssinn zusammenhängt, spielt naturgemäß bei der Futteraufnahme eine Rolle.

Eine untergeordnete Aufgabe hat der Gefühls- oder Empfindungssinn an der Hautoberfläche, obwohl selbstverständlich auf dem Weg über das Reizleitungssystem jede Berührung, aber auch Wärme und Kälte zur Hirnzentrale gemeldet und eine entsprechende Reaktion ausgelöst werden. Ein liebevoller Handkontakt durch Streicheln ruft ein wohliges Gefühl hervor und weckt beim gut auf den Menschen geprägten Hund Anschmiegsamkeit und das Gefühl der Geborgenheit. Umgekehrt wird bei Schmerzzufügung Flucht oder Abwehr die Folge sein.

Die bei den verschiedenen Rassen unterschiedlich ausgeprägten Tasthaare an Lefzen, Augenbrauen, Ohren

Die Nase am Boden

und Außenseiten der Läufe helfen bei der Orientierung im Dunkeln an engen Stellen; gut beobachtende Hundeführer können immer wieder staunend feststellen, wie ihre Hunde mit sehr viel Geschick stets den günstigsten Weg und die besten Durchschlupfstellen suchen und finden.

Das Verhalten des Hundes

Unter den hochentwickelten Tieren nimmt der Hund als ältestes an den Menschen gewöhntes Haustier infolge seiner außerordentlichen Anpassungsfähigkeit eine Sonderstellung ein.

In einer Grundlagenarbeit von Petri heißt es: „Der Hund ist ein relativ hochspezialisiertes Tier; wenn man seinen biologischen Standpunkt bestimmen will, müßte man sagen, er ist ein sozial lebender Jäger."

Das stimmt voll und ganz mit den Erkenntnissen der Verhaltensforschung überein, wie sie von bekannten Wissenschaftlern interpretiert werden: Das Sozialverhalten des Hundes beruht nicht nur auf ererbten Anlagen, sondern wird in ganz entscheidendem Maße von dem geprägt, was im Verlauf seiner Jugendentwicklung fördernd oder hemmend auf ihn einge-

Für Ausflüge mit den Kindern ist ein guter Familienhund jederzeit zu haben

Entwicklungsphasen und Lebenszyklus

Die Entwicklung des Junghundes

Im Welpen- und Junghundalter durchläuft unser Hund mehrere Entwicklungsphasen; sie zu kennen, ist für eine artgerechte Aufzucht, Haltung und Erziehung wichtig. Nach E. Trumler können folgende Entwicklungsphasen unterschieden werden:

Vegetative Phase	1. und 2. Woche
Übergangsphase	3. Woche
Prägungsphase	4. bis 7. Woche
Sozialisierungsphase	8. bis 12. Woche
Rangordnungsphase	13. bis 16. Woche
Rudelordnungsphase	5. bis 6. Monat
Pubertätsphase	7. bis 12. Monat

Vegetative Phase

In der vegetativen Phase besteht der wesentliche Lebensinhalt eines Welpen aus Trinken und Schlafen. Der Geruchssinn ist noch nicht vollkommen ausgebildet, die Augen sind noch geschlossen, die Ohren aufgrund der geschlossenen Gehörgänge noch nicht in Funktion, so daß sich der Welpe vornehmlich mit seinem Wärmeempfinden und seinem Tastsinn orientiert. Ein kräftiger Welpe muß seinen verhältnismäßig großen und schweren Kopf einwandfrei hochheben und so zum Gesäuge der Hündin vorstoßen können. Ein kräftiges Abstemmen mit den Hinterläufen und ein mit beiden Vorderpfoten im Wechsel ausgeführter Milchtritt beim Saugen, langanhaltende Lautäußerungen und kreisförmig zur Nahrungsquelle zurückführende zügige Kriechbewegungen sowie das Kontaktliegen mit Wurfgeschwistern gehören zu den beobachtbaren typischen Aktivitäten in dieser Phase.

Übergangsphase

Zu Beginn der Übergangsphase, in der Regel vom 15. Lebenstag an, öffnen sich die Augen und die äußeren Gehörgänge, wobei Sehfähigkeit und Gehör sich um den 18. Lebenstag erst richtig ausbilden; Gleiches gilt für den Geruchssinn. Mit ihren nunmehr funktionsfähigen Sinnesorganen beginnen die Welpen, zu ihren Geschwistern intensiv Kontakt aufzunehmen und ihre Umwelt zu erkunden. In diesem Stadium der Übergangsphase muß auch die Kontaktaufnahme zwischen Mensch und Welpe beginnen. Der Welpe erkundet nämlich jetzt auch „seine“ Menschen; er nimmt durch das Benuckeln der Finger Kontakt auf, reagiert im Reflex auf ein sanftes Kitzeln der Mundwinkel mit einem herzhaften Gähnen und vollführt, an die menschliche Wange gehalten, bei entsprechender Vertrautheit sogar den „Mundwinkelstoß“, den er bei der Mutterhündin zu praktizieren pflegt. Um sicherzustellen, daß der Welpe später als erwachsener Hund durch akustische Einflüsse nicht zu beeindrucken ist, empfiehlt es sich dringend, bereits am Ende der Übergangsphase zeitweilig und regelmäßig für eine gewisse Geräuschkulisse zu sorgen. Dies kann, neben der direkten Ansprache, durch normale Haushaltsgeräusche oder auch durch Radiobeschallung geschehen.

Prägungsphase

In der Prägungsphase erfolgen die entscheidenden Weichenstellungen für die Entwicklung des Welpen zu einem aufgeschlossenen, lernfähigen und verhaltenssicheren Hund.

Mit seinen vollentwickelten Sinnesorganen erkundet der Welpe nun seine Umwelt. Er verläßt das Wurflager zu selbständigen kleinen Ausflügen und verfolgt mit gespannter Aufmerksamkeit alle Bewegungen in seiner Umgebung, die er auch mit Hilfe der sich rasch entwickelnden Zähne untersucht. Neugier und Lerntrieb werden vom Welpen voll ausgelebt; seine Reaktionen auf die Umwelterfahrungen äußert er bereits durch Schwanzwedeln, Sträuben des Fells, Anlegen der Ohren, Knurren und Zähnefletschen.

In dieser Phase begangene Aufzuchtfehler, zu denen vor allem lernhemmende Unterlassungssünden bestimmter Vermehrer gehören, die ihre Würfe in sterilen Zwingern ohne jeden Sozialkontakt aufziehen, sind definitiv nicht mehr gut zu machen, denn was in dieser Entwicklungsperiode nicht gelernt wurde, kann nicht mehr nachgeholt werden – es ist verhaltenswirksam geworden.

Der Welpe muß in der Prägungsphase also auf seine Artgenossen und auf den Menschen geprägt werden. Die Prägung des Welpen auf seine Artgenossen erfolgt durch die Entwicklung in der Rudelgemeinschaft mit seiner Mutter, den Wurfgeschwistern und, wenn irgend möglich, durch weitere Artgenossen, wobei insbesondere dem Rüden für das Lehren und Lernen des Sozialverhaltens unter Artgenossen eine hervorragende Bedeutung zukommt.

Für die Vorbereitung auf das Leben in der menschlichen Rudelgemeinschaft ist es unerläßlich, daß durch tägliche, liebevolle und intensive Kontaktpflege durch den Züchter und nach Möglichkeit auch seine Familienangehörigen das Vertrauen des Welpen zum Menschen aufgebaut wird, damit aus ihm ein selbstbewußter, kontaktfreudiger und unerschrockener Hund werden kann.

Hat es einem Welpen bis zum Ende der achten Lebenswoche an dem notwendigen menschlichen Kontakt gefehlt, so wird aus ihm mit an Sicherheit grenzender Wahrscheinlichkeit ein

Hund werden, der zeitlebens eine gewisse Menschenscheu nicht ablegt.

Gleichermaßen wichtig ist, daß der Welpe während dieser entscheidenden Entwicklungsphase nicht aus seinem „Welpenrudel" entfernt wird, weil dies eine mangelnde Prägung auf andere Hunde und damit ein mit hoher Wahrscheinlichkeit gestörtes Sozialverhalten des erwachsenen Hundes gegenüber seinen Artgenossen bewirken würde.

Sozialisierungsphase

In der Sozialisierungsphase werden von den Welpen im Rudel schon deutlich gemeinschaftsbildende Verhaltensweisen eingeübt. Das bedingt aber, daß gleichzeitig die Sozialisierung des Hundes mit dem Menschen ausgebaut werden muß, damit die soziale Bindung an die Artgenossen nicht stärker wird als die zum Menschen. Praktisch bedeutet das: Die Welpen gehen mit der Gruppe, in der sie sich noch geborgen fühlen, gemeinsam auf Entdeckungen aus, sie scheinen sich darüber zu verständigen, ob sie in einer Situation angreifen oder besser davonlaufen sollen, sie unterstützen sich wechselseitig, – fechten aber in immer häufigeren Kampfspielen die ersten Posititionskämpfe aus.

Aus diesen Welpenspielen heraus sollte der Mensch spielerisch seine Erziehungsmaßnahmen entwickeln, um so die Grundlage für eine funktionierende Mensch-Hund-Meute zu legen. Der Welpe lernt, sich an die Leine zu gewöhnen, auf Zuruf zu kommen – was sich für ihn immer „lohnen" sollte – und nicht zuletzt auch, was konsequente erzieherische Maßnahmen sind. Ein Welpe muß sowohl im Hunderudel als auch in der Mensch-Hund-Meute lernen, Autorität zu respektieren, denn antiautoritär „erzogene" Hunde werden gemeingefährlich.

Die Erziehung muß jedoch spielerisch erfolgen; es darf keinesfalls „dressiert" werden. Dies würde die Hunde-Persönlichkeit zerstören.

Zwischen der 10. und der 12. Woche ist üblicherweise zu beobachten, daß jeder Welpe für sich die Nähe „seiner" Menschen sucht. Dies ist der ideale Zeitpunkt zur Abgabe des Welpen an seine neuen Bezugspersonen, an sein neues Zuhause.

Rangordnungsphase

In der Rangordnungsphase kommt den erzieherischen Einflüssen eine besondere Bedeutung zu. Auch in der Mensch-Hund-Meute gibt es Rangordnungs„kämpfe", in denen die Stellung des Hundes in diesem Rudel klar und konsequent abgesteckt werden muß, damit sich gegen Ende dieser Phase die Rangordnung im Rudel stabilisiert hat. Trumler empfiehlt, bei

Ein ganzes Hundeleben liegt noch vor ihm

Sechs Monate alte Schäferhund-Mischlingshündin

der Erziehung in dieser Phase, die wesentlich darüber entscheidet, ob man einen gesitteten Hund haben wird oder nicht, das nachzuahmen, was der Vater-Rüde macht. Und dieser schult den Welpen durch geeignete Jagd- und Beutespiele zu einem brauchbaren Jagdgehilfen.

Durch spielerisch und abwechslungsreich gestaltete Unterordnungs- und Gehorsamsübungen kann der Hund jetzt zu einem Partner erzogen werden, dem es Freude macht, den Wünschen seines Erziehers zu folgen. Damit können in dieser Entwicklungsphase die formbaren Wesenseigenschaften des Hundes zu einem beträchtlichen Teil auf Dauer positiv festgelegt sein.

Rudelordnungsphase

In der Rudelordnungsphase ist der Junghund besonders leicht erziehbar und unterordnungsbereit. Er sollte jetzt die ersten Vorstufen der Ausbildung erhalten, die seinem geplanten Ausbildungsziel dient.

Sollte dergleichen nicht geplant sein, so ist es in dieser Phase dringend geboten, dem Hund etwas beizubringen,

– und wenn es denn „Kunststückchen" wären. Wer diese Phase ausgeprägter Lernbereitschaft des Hundes untätig verstreichen läßt, hat hier – nach der Prägungsphase – die zweite große Möglichkeit versäumt, einen intelligenten und lernwilligen Hund heranzuziehen.

Pubertätsphase

In der Pubertätsphase, deren Länge individuell höchst unterschiedlich ist, kann der Junghund noch einmal für in der Regel knapp zwei Monate zu einem „halbstarken Rowdy" werden, der nur mit Einfühlsamkeit und Konsequenz einigermaßen zur Räson zu bringen ist.

Der Verlauf dieser Phase läßt aber auch gewisse Rückschlüsse darauf zu, wie gekonnt die menschliche Einflußnahme in den vorausgegangenen Entwicklungsperioden war.

Wie alt ist er/sie?

Wer einen Rassehund erwirbt, bekommt Papiere, aus denen das Alter des Hundes auf den Tag genau zu ersehen ist. Beim Mischlingshund wird die Altersbestimmung nicht immer so einfach sein, man bekommt ihn vielleicht als erwachsenen Hund, und die Auskünfte der Vorbesitzer (wenn er überhaupt welche hat) sind nur vage. Auf die Frage „Wie alt ist er/sie denn?"

Spitz-Mischlingsrüde, 10 Monate alt

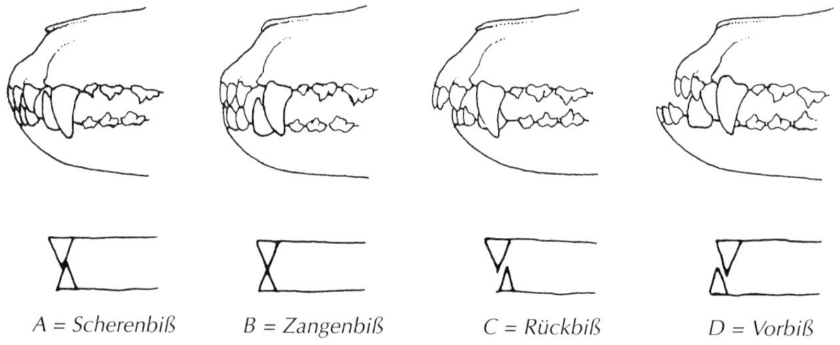

I = Incisivi (Schneidezähne)

C = Canini (Fangzähne)

P = Prämolaren (Vordere Backenzähne)

M = Molaren (Hintere Backenzähne)

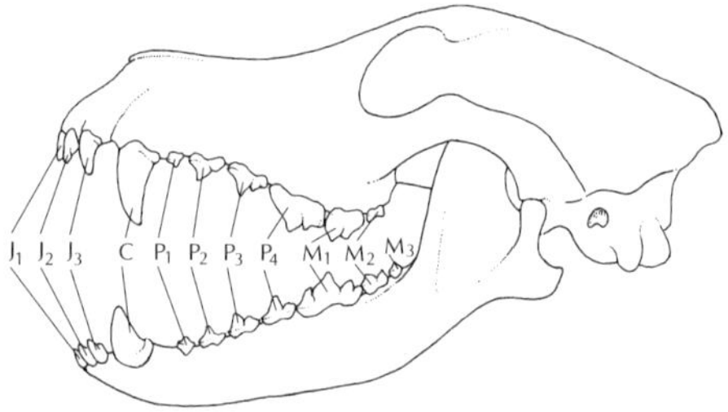

	Oberkiefer	Unterkiefer	Dauergebiß
Incisivi	6	6	12
Canini	2	2	4
Prämolaren	8	8	16
Molaren	4	6	10
	20	22	42

Gebiß

fällt dann die Antwort schwer. Mit guter Kenntnis der verschiedenen Alterszustände eines Hundegebisses kann man aber der Sache näherkommen.

In der Zahnentwicklung sind vier Hauptphasen zu unterscheiden:

Periode 1

- Zahnlos = Alter bis zu 3 Wochen,
- Durchbruch der Milchschneidezähne = 3 bis 4 Wochen,
- Milchschneidezähne noch nicht in Reibung = 2 Monate,
- Milchschneidezähne in Reibung = etwa 3 Monate,
- Zahnzwischenräume, lockere und schiefe Stellung bei den Milchschneidezähnen = etwa 3 bis 4 Monate.

Periode 2

- Wechsel des inneren und mittleren Schneidezahns = etwa 3 $^1/_2$ bis 4 $^1/_2$ Monate,
- Wechsel der äußeren Schneidezähne = etwa 5 Monate,
- Wechsel der Haken- oder Fangzähne = 5 $^1/_2$ bis 6 Monate.

Im Alter von einem halben Jahr ist meist der Zahnwechsel der Schneidezähne abgeschlossen; die bleibenden Zähne sind noch nicht in Reibung und wirken porzellanweiß.

Periode 3

Es ist zu beachten, daß die Schneidezähne im Oberkiefer dreilappig, die im Unterkiefer zweilappig sind. Das Abgenütztsein des Hauptlappens ist leicht zu erkennen und ein wichtiger Anhaltspunkt für die Altersbestimmung.

- Innere Schneidezähne im Unterkiefer in Reibung = etwa 9 Monate,
- Hauptlappen der inneren Schneidezähne etwa um die Hälfte abgenützt (bei harten Zähnen nur wenig) = rund 1 Jahr,
- Hauptlappen der mittleren Schneidezähne des Unterkiefers in Abnützung = etwa 2 Jahre,
- Hauptlappen an den inneren Schneidezähnen des Oberkiefers in Abnützung = etwa 3 Jahre,
- Hauptlappen an den mittleren Schneidezähnen des Oberkiefers in Abnützung = rund 4 Jahre,
- äußere Schneidezähne des Unterkiefers in Reibung = etwa 5 Jahre, die Fangzähne beginnen sich abzunutzen),
- Hauptlappen an allen Schneidezähnen des Oberkiefers verschwunden = Alter von 6 Jahren.

Die Altersbestimmung vom sechsten Jahr an wird wesentlich schwieriger, da die Abnutzungserscheinungen sehr variabel sein können. Bei der Abnutzung der Schneidezähne treten vor allem bei kleineren Rassen erhebliche Abweichungen auf, zudem spielen die Härte der Zähne, unterschiedliche Ernährung und Arbeitsweise speziell bei Gebrauchshunden, die z. B. viel apportieren, eine große Rolle. Auch viele Begleit- und Familienhunde haben die vom Wolf ererbte Greif- und Bringfreudigkeit, die sich meist in spielerischer Weise zeigt, so entwickelt, daß sie bei jeder sich bietenden Gelegenheit alles Geworfene oder Gefundene herbeitragen, wodurch sich naturgemäß das Gebiß sehr viel schneller abnutzt.

Periode 4

- Stumpfe Fangzähne mit Zahnsteinansatz, einige graue Haare in Lippen- und Kinngegend, Reibfläche der inneren Schneidezähne im Unterkiefer verkehrt oval und abgeschrägt = etwa 7 bis 8 Jahre,
- an Schneidezähnen des Unterkiefers können Teilchen abbröckeln, Anzahl der grauen Haare im Gesichtsteil nimmt zu = rund 9 Jahre,
- innere Schneidezähne des Oberkiefers in der Reibfläche verkehrt oval, Beginn der Lockerung und manchmal auch schon des Ausfallens = etwa 10 Jahre,
- innere Schneidezähne in Ober- und Unterkiefer fallen aus, Trübung der Linse beginnt, vermehrt graue Haare = 11 bis 12 Jahre,
- mittlere und äußere Schneidezähne fallen aus, deutlicher Altersstar = 13 bis 15 Jahre,
- Fangzähne fallen aus, ganz ergrauter Kopf = 16 bis 20 Jahre.

In diesen Jahren hohen Alters läßt neben der Sehkraft auch das Gehör sehr nach, nur die Nasenarbeit, also die Riechfähigkeit, bleibt erstaunlich lange erhalten.

Auswahl und Erwerb von Mischlingshunden

Grundsätzliche Überlegungen

Wer sich einen Hund anschaffen möchte, sollte vorweg einige grundsätzliche Überlegungen anstellen:

Zunächst muß sich jeder Hundehalter in spe ernsthaft fragen, ob er die nötige Zeit und Bewegungsfreude für seinen Vierbeiner aufbringen kann und ob er vor allem die nötige Konsequenz besitzt, einen solchen Hund, der als Familienmitglied akzeptiert und respektiert werden möchte, zu erziehen. In der Regel sind dies Fragen, die sich die Damen des Hauses zu stellen

Tierheimhund, der auf neue Besitzer wartet

haben, denn an ihnen bleibt „es" üblicherweise hängen.

Sodann wäre zu prüfen, ob das Halten des Hundes rechtlich unproblematisch ist. Wer zur Miete wohnt, benötigt, um sicher zu sein, die schriftliche Erlaubnis des Vermieters; Grundstückseigentümer sollten in Erwägung ziehen, daß der Ärger mit bösartigen Nachbarn die Freunde am Hund empfindlich stören könnte.

Schließlich ist eine gründliche Kostenkalkulation hilfreich. Selbst wenn wir den Hund geschenkt bekommen oder nur die Gebühr im Tierheim bezahlen – dabei bleibt es nicht. Es kommen hinzu die Hundesteuer, die Kosten einer – empfehlenswerten – Hunde-Haftpflichtversicherung, die Kosten für artgerechte Ernährung und Pflege sowie für regelmäßige tierärztliche Versorgung; unter Umständen ist auch noch der Garten ausbruchsicher zu umzäunen.

Prüfen Sie Ihre Motive: Ist das Tier nur ein hübsches Geschenk für Ihren Partner, oder wollen Sie es kaufen, weil die Kinder so gebettelt haben? Steckt hinter Ihrem Plan womöglich bloß die Ansicht, ein Hund gehöre einfach dazu?

Alles lobenswerte Gründe, nur dominiert darin eine fatale Einschätzung des Hundes als Sache, als Dekoration. Sie sind aber drauf und dran, ein lebendes Wesen in Ihre Familie aufzunehmen, das als Individuum ernstgenommen werden will. Da reichen Motive wie „Geschenk" oder „Status" nicht. Man muß Freude haben am Umgang mit dem Tier, Spaziergänge mögen, Spielgefährten für den Hund haben, bereit sein – besonders in der Welpenzeit –, für ihn zu sorgen und ihn auszubilden.

Immer wieder ist der Seufzer zu hören: „Ich hätte nie gedacht, daß ein Hund so viele Verpflichtungen mit sich bringt." Hunde können einen großen Gewinn an Lebensfreude bedeuten, doch es ist wie bei jedem Gewinn: Ohne Investition gibt es keinen.

Soweit die Vorüberlegungen. Nun erhebt sich die Frage (angenommen, Sie wollen einen Hund für die Familie):

Was zeichnet einen guten Familienhund aus?

Der Familienhund muß Menschen mögen. Der Familienhund soll Lärm und Berührungen vertragen; und er darf nicht übelnehmerisch sein.

Im Zwinger aufgewachsene ältere Hunde oder Welpen, die zu lange in Käfigen gehalten wurden, „fremdeln" und können das oft nicht mehr überwinden. Sie sind schwer zu integrieren, halten Abstand und sind daher für Kinder ungeeignet. Manche bleiben immer scheu, gewinnen allenfalls Vertrauen zu Ihrer Familie, lehnen aber selbst häufig zu Besuch kommende Spielkameraden ab.

Kinder sind laut, oft unbedacht, neigen zu ausgelassenen Spielen. Dazu muß ein Hund erst einmal passen. Ein Jagdhund (oder Jagdhund-Abkömmling) wird Lärm ertragen lernen, ob er aber die Geduld aufbringt, neben dem Kind bei den Schularbeiten auszuharren, ist nicht in jedem Fall ausgemacht. Kleinere, knuddelige Rassen mögen zwar Liebkosungen, aber rauhere Gangarten eher weniger. Als Spielgefährten für wilde, lärmende Kinder taugen sie kaum.

Nervöse Tiere machen auch Kinder nervös. Schlägt ein Hund an, wenn's klingelt – in Ordnung. Ist der Besucher aber drin, ist weiteres Gekläff unerwünscht. Will ein Kind nicht mehr spielen, muß der Hund nach angemessener Zeit begreifen, daß nun Schluß ist.

Welpe oder erwachsener Hund?

Wie gern läßt man sich von der Niedlichkeit junger Hunde hinreißen! Mit ihrer Verspieltheit und Tolpatschigkeit, ihrem runden „Kinder“-Gesicht und ihrer Gelehrigkeit gewinnen sie un-

Spielgefährten der Kinder

sere ganze Sympathie. Und doch will die Frage genau bedacht sein:

Wieder vorausgesetzt, Sie suchen einen Hund für die Familie, einen Hund, mit dem auch Kinder etwas anfangen können. Dazu muß der Hund nicht selber „Kind“ sein. Manches spricht sogar dagegen: Ein Welpe verlangt Ihnen viel ab; er hat ja noch nichts gelernt. Sie müssen ihm mit Engelsgeduld alle Unarten abgewöhnen, vom Zerfetzen der Zeitung bis zum Verschleppen der Unterwäsche. Das Beibringen des erwünschten Verhaltens kostet nicht weniger Energie. Je kleiner die Kinder, desto weniger empfiehlt sich ein Welpe. Ein älterer Hund, der seine Erziehung schon hinter sich hat, ist da wesentlich angebrachter.

Wo bekomme ich den richtigen Hund her?

Einem Kaufinteressenten, der einen Rassehund erwerben möchte, wird üblicherweise geraten, sich an einen Zuchtverein mit Welpenvermittlung zu wenden, dort die Adressen von Züchtern zu erfragen und dann ausgiebig Zwinger zu besuchen. Das ist ein eingespieltes Verfahren, aber bei Mischlingshunden funktioniert es nicht. Es gibt keinen Verein der Mischlingshundezüchter, kein Zuchtbuch registriert ihre Würfe, die Welpen werden im Bekanntenkreis verschenkt oder per Zeitungsannonce angeboten. Nicht einmal der gewerbliche Hundehandel (den man sowieso meiden sollte!) kann weiterhelfen; auch er hat nur Rassehunde im Angebot. Mehr oder weniger zufällig kommt der Interessent an seinen Mischlingshund. Zufall ist auch im Spiel, wenn ein Hund in neue Hände kommt, weil sein Besitzer verstorben ist, oder wenn der Reisende von seinem Urlaubsort ein herrenloses Tier heimbringt. Wer also einen Mischling sucht bzw. wer in der Rassefrage nicht festgelegt ist, aber wenigstens den Hund, der zu ihm paßt, selber aussuchen möchte, für den bleibt nur das Tierheim.

Die Vorstellung, daß dort nur kranke und verhaltensgestörte Hunde aufbewahrt werden, kann getrost zu den Akten gelegt werden.

In einem Tierheim hat man zumeist die Auswahl unter Dutzenden, wenn nicht gar (vor allem zu Beginn der großen Ferien) Hunderten von Hunden, vom Mischlings- oder Rassehundwelpen, der dort geworfen und aufgezogen wurde, über den eingelieferten Junghund bis zum erwachsenen oder gar alten Mischling oder Rassehund mit oder ohne Abstammungsnachweis. Im Tierheim erwirbt man seinen Hund äußerst preiswert und tut darüber hinaus noch ein gutes Werk. (Adressen und Hinweise im Anhang).

Beim Erwerb eines Hundes aus einem gut geführten Tierheim kann man in aller Regel auch darauf vertrauen, daß die hygienischen Haltungsbedin-

Zwei, die sich prächtig verstehen

gungen, eine ausgewogene Fütterung und sachkundige Pflege durch fähige Tierpfleger zusammen mit einer regelmäßigen tierärztlichen Überwachung die Gewähr dafür bieten, daß man einen körperlich gesunden Hund erwirbt, über dessen psychische Befindlichkeit man sorgfältig aufgeklärt wird.

Letztlich muß dann jeder selbst beurteilen, ob er den nötigen „Hundeverstand“ besitzt und sich zutraut, einen erwachsenen oder gar älteren Hund mit nicht selten unerfreulichem Vorleben wieder in eine Familie einzuordnen.

Bei Hunden, die im Eigentum des Tierheims stehen, geht beim Kauf des Hundes auch das Eigentum auf den Erwerber über, bei Fundtieren erst dann, wenn nach Anzeige des Fundes sechs Monate vergangen sind und der rechtmäßige Eigentümer nicht ermittelt werden konnte.

Übernahme von älteren Hunden

Die Übernahme und Eingewöhnung eines älteren Tieres ist grundsätzlich eine wesentlich schwierigere Aufgabe als die Aufnahme eines Welpen oder Junghundes in der dafür günstigsten Entwicklungsphase.

Die Ausnahme ist eine Notsituation, also beispielsweise ein Todesfall im Freundeskreis oder in der Verwandtschaft, auch eine längere Erkrankung des Besitzers oder irgendein anderer dringender Grund, der eine weitere Haltung des Hundes im bisherigen häuslichen Bereich ausschließt. Aber auch wenn man ein gutes Werk tun will für ein armes, oft verwahrlostes Geschöpf, das irgendwo aufgelesen wurde, kann sich eine solche Situation ergeben. Man muß sich aber bei einem älteren Hund von vornherein darüber klar sein, daß man eine schwierige und sorgenvolle Aufgabe übernimmt. Ein erfahrener Hundefreund, der schon viele Jahre Umgang mit Hunden hatte, kann noch am ehesten ein solches Wagnis eingehen. Ein wenig leichter ist es, wenn der Betreffende das Tier vorher gekannt hat, seinen Lebenskreis und die Art, wie der Vorbesitzer mit ihm umgegangen ist.

Leider besteht bei vielen Findlingen, die in Tierheimen abgegeben werden, kein Anhaltspunkt für die Zeit vor dem Auffinden. Hier gehören großes Einfühlungsvermögen und sehr viel Geduld dazu, den erforderlichen Kontakt zum fremden, meist auch älteren Hund zu finden, der nötig ist, um ein neues Meute-Kumpan-Verhältnis aufzubauen. Der betreuende Tierwärter in einem Heim kann nach einiger Zeit beurteilen, ob der Findlingshund zugänglich ist, ob er Handkontakt sucht, wie er sich versorgen läßt, ob er ruhig oder nervös ist. Der Wärter vermag dem Interessenten Auskunft zu geben, ob gewisse Grundvoraussetzungen für eine Übernahme bestehen, wobei geeignete Unterkunftsverhältnisse gegeben sein müssen. Vor der Übergabe können die im Kapitel „Körper, Sinne und Wesensmerkmale“ erwähnten einfachen Tests durchgeführt werden. Bestätigen diese, daß eine Anpassung und Einordnung möglich erscheint, kann versuchsweise auch ein älterer Hund abgegeben werden.

Probleme, die beim Übergang in eine neue Umwelt auftreten können, sollen nicht verschwiegen werden: Wenn ein Hund z. B. aus einem extrem isolierten Zwingerdasein herauskommt, wird er sich lange Zeit scheu, unsicher und ängstlich verhalten, vor allem im Straßenverkehr. Es fehlte in der wichtigsten Entwicklungsperiode der Kontakt zu Menschen, Artgenossen und Umweltreizen im Haus und der Außenwelt. Es wird mit Schwierigkeiten bei der Erziehung zur Stubenreinheit beginnen, Fehlverhalten bei allen etwas ungewöhnlichen äußeren Einflüssen zur Folge haben und die so nötige Unterordnung und Führigkeit erschweren. Schließlich ist zu befürchten, daß die Bindung an den Herrn weniger eng sein wird als die Beziehung zu einem Wohnungsgenossen der ersten Stunde.

Vor dem Tierheim: eine glückliche Besitzerin mit ihrer Neuerwerbung

Andererseits können erhebliche Schwierigkeiten beim Versuch einer Eingewöhnung des älteren Hundes von seiten der menschlichen Bezugsperson her auftreten. Überarbeitete und sehr stark vom Beruf in Anspruch genommene Personen werden kaum die Kraft und Geduld aufbringen, eine solche Umerziehungsaufgabe zu übernehmen, selbst wenn der gute Wille vorhanden ist. Auch sehr sensible und nervöse Menschen sollten von der Übernahme älterer Tiere mit unklarer Herkunft lieber Abstand nehmen. Das kann ähnlich wie bei falscher Rassewahl – zum Beispiel durch Anschaffung eines überzüchteten und überempfindlichen Kleinhundes – eine fast in Hysterie ausartende Mensch-Hund-Gemeinschaft heraufbeschwören, wobei schließlich nur noch eine tierpsychiatrische Behandlung helfen kann oder der Hund wieder abgegeben werden muß. Solche tierpsychiatrischen Praxen für Kleintiere gibt es heute schon in Europa; Auskünfte darüber können die behandelnden Tierärzte in Kliniken und Fachpraxen geben.

Mit Absicht ist ein Extrem angesprochen. Trotz aller Vorbehalte soll

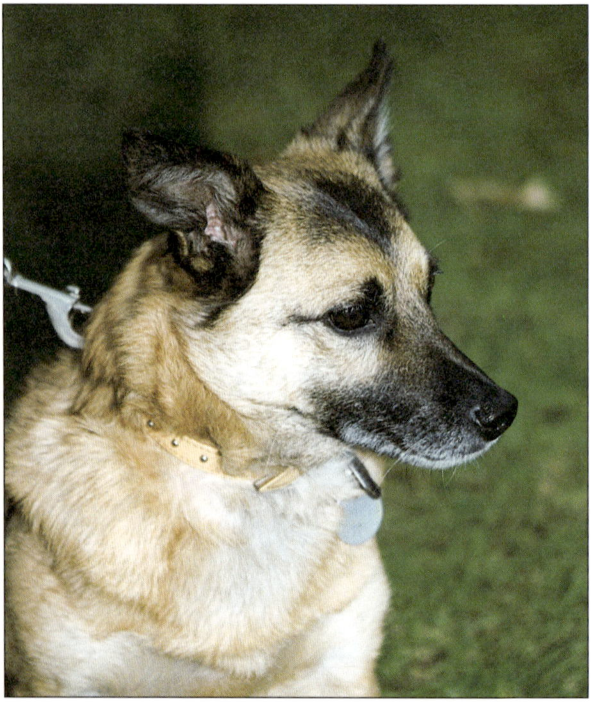

Sieben Jahre alter Welsh Corgi-Mischlingsrüde

nicht grundsätzlich von der Aufnahme und Erziehung eines älteren Hundes oder gar eines durch tragisches Schicksal in unsere Hand gekommenen Tieres abgeraten werden.

Bei richtiger Einstellung, ein wenig Erfahrung und dem Willen zu helfen – was meist echter Tierliebe entspringt –, kann die Übernahme für den Hund eine lebensrettende Entscheidung sein. Dem Hundefreund wird der Erfolg der Eingliederung in eine neue menschliche Gemeinschaft und die Anerkennung als „Oberhund" viel Freude und glückliche Bestätigung bringen.

Der Hund als Co-Therapeut

Die erstaunliche Anpassungsfähigkeit des Hundes macht ihn zu einem Partner und Helfer in schwierigen Lebenslagen. Wissenschaftler sprechen ihm gar eine Rolle als Co-Therapeut zu. Es wird berichtet von phänomenalen Heilerfolgen, bei denen Hunde mit im Spiel waren, zumeist psychologisch-stimulierend – Patienten nahmen sich vor, für den Hund gesund zu werden, der Gedanke an das Tier wirkte sich positiv aus –, oder sogar, wie in einigen Krankenhäusern ausprobiert, durch ihre leibliche Anwesenheit im Krankenzimmer. Hunde werden eingesetzt, um Behinderte und chronisch Kranke zu beschäftigen und ihnen eine Aufgabe zu geben. Depressive und psychisch Kranke vermögen sie von ihren Sorgen und ihrer Ichbezogenheit abzulenken. In Alten- und Pflegeheimen tragen sie durch ihr bloßes Dasein, durch ihre Lebendigkeit und Spielfreude spürbar zur Verbesserung des Klimas bei.

Aber auch aus dem schlichten Alltagsleben sind genügend Beispiele dafür beizubringen, wie sich die geselligen Qualitäten des Hundes bewähren. Jeder, der längere Zeit Hunde hält, kann davon erzählen. Kinder haben in dem Tier einen Spielkameraden und lernen im Umgang mit ihm Verantwortung und Rücksichtnahme. Menschen unter Streß finden beim Hund Ruhe und können leichter „abschalten". Übergewichtige zwingt der Hund zu Bewegung. Alte Menschen regt er zu körperlicher und geistiger Aktivität an, bringt sie aus Vereinsamung und sozialer Isolation heraus. Einen Hund an der Seite zu haben, gibt ein Gefühl der Sicherheit, und es erleichtert auch die Aufnahme der Kontakte zu anderen Menschen. Jeder Hundehalter wird das schon erlebt haben: Über den Hund kommt er mit Menschen ins Gespräch, die an ihm allein achtlos vorbeigegangen wären. Und aus dem Fachsimpeln über den Hund und sein Tun und Treiben hat sich schon manch gute Beziehung unter Menschen entwickelt.

Rüde oder Hündin – oder besser: weder – noch!

Für beide Geschlechter gibt es eine Reihe von Gesichtspunkten zu bedenken, sowohl positive als auch negative, die gegeneinander abzuwägen sind. Umweltverhältnisse, Fragen der Gebrauchseignung und persönliche Erwartungen sind zu berücksichtigen, ehe eine Entscheidung gefällt wird. Dazu wird hilfreich sein, wenn Vor- und Nachteile einander gegenübergestellt werden. Folgende Eigenarten und geschlechtsgebundene Verhaltensmerkmale sind zu bedenken:

Der Rüde

Er ist meist körperlich kräftiger als die Hündin. In der wichtigen Zeit der Jugenderziehung (Sozialisierungs- und Rudeleinordnungsphase) muß er energischer und konsequenter vom Rudelführer angeleitet werden, damit er sich später willig unterordnet. Je nach Temperament und individueller Neigung zur Selbständigkeit versucht er öfter – und dies manchmal sehr hartnäckig –, seinen eigenen Willen durchzusetzen.

Der Rüde: abenteuerlustig und draufgängerisch (Briard-Mischling)

Eine weiche, nachgebende Rudelführerpersönlichkeit kann hier leicht grundlegende Fehler machen, die später nicht mehr zu korrigieren sind. Bei Neigung zu Eigenständigkeit und bei nicht genügend energischer Führung und Erziehung kann öfteres Ausbrechen und Streunen außerhalb menschlicher Einwirkung die Folge sein.

Ein fest seinem Rudelführer untergeordneter Jungrüde, der auch in der Familie gut integriert ist, wird jedoch überwiegend in seinem ihm zugewiesenen Lebensraum bleiben. Bekanntlich setzt der Rüde sehr viel mehr und öfter seine Duftmarken beim Harnlassen ab als die Hündin. Der Erziehung zum Lösen beim Ausgang, möglichst etwas außerhalb des häuslichen Territoriums, kommt daher eine besondere Bedeutung zu.

Die Fähigkeit des Rüden, Duftmarken läufiger Hündinnen auf große Entfernungen hin zu bemerken, ist der Grund dafür, daß plötzlich neben Erregungserscheinungen – manchmal andauerndes Heulen und Winseln – die Tendenz zum Verlassen des gewohnten häuslichen Areals stark zunimmt.

Die intraspezifische Aggression der Rüden ist deutlich höher als die der Hündinnen, daher sind weibliche Tiere problemloser in einer Gruppe zu halten. Raufereien unter Rüden sind wesentlich häufiger als unter Hündinnen.

Die Hündin

Im Wesen der Hündin ist meist eine besondere Einfühlungsfähigkeit bei feinerer, gefühlvollerer psychischer Eigenart festzustellen. Sie ist leichter zu führen, schließt sich dem Rudelführer schnell an und ist auch bei weni-

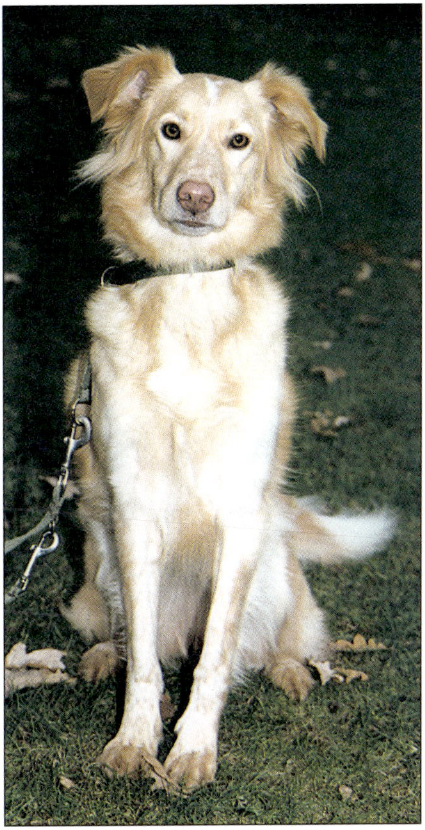

Die Hündin: einfühlsam und zurückhaltend (Collie/Golden Retriever)

ger Konsequenz während der Sozialisierungs- und Rangordnungsphase in die Familie und die häusliche Umwelt problemlos einzuordnen. Dies kann vor allem dann wichtig sein, wenn bei den Familienmitgliedern, auch bei Kindern, die Tendenz im Umgang mit dem Hund mehr zum Gefühlvollen neigt.

Für die Wahl einer Hündin spricht auch, wenn dem Rudelführer, z. B. aus beruflicher Beanspruchung, einfach die Zeit für eine intensivere Haltungserziehung fehlt und hierfür kein anderer in der Familie in Frage kommt.

Die Hündin bleibt bei guter Behandlung und fester Einordnung normalerweise stets im überschaubaren häuslichen Bereich und zeigt weniger Neigung zum Ausbrechen oder Streunen. Infolge guter Lernfähigkeit und weniger Eigensinn werden die Grunderziehung (z. B. zur Stubenreinheit) und gegebenenfalls die spätere Abrichtung bei einer Hündin leichter sein als beim Rüden.

Insgesamt kann die Wahl einer Hündin dann empfohlen werden, wenn Leichtführigkeit zusammen mit der von Natur aus vorhandenen Anschmiegsamkeit im „Familienrudel" – vorteilhaft beim Zusammenleben mit kleineren Kindern – und Sicherheit des Verbleibens im häuslichen Bereich im Interesse des zukünftigen Hundehalters liegen.

Besser: weder – noch!

Die Frage „Rüde oder Hündin" kann aber auch noch anders entschieden werden, nämlich mit der Antwort „weder – noch". Denn ob Rüde oder Hündin – möglichst frühe Kastration ist dringend angeraten. Sie rauben dem Hund damit nichts, was ihm fehlen würde, im Gegenteil: Er wird ein ruhigeres, ausgeglicheneres, längeres und gesünderes Leben führen. Ihm bleiben die unausweichlichen hormonellen Stimmungsschwankungen erspart und unerfreuliche Konfrontationen.

Kastrierte Hunde sind friedlicher, ordnen sich leichter unter, bringen sich und ihre Familie nicht wegen eigener oder fremder Läufigkeit in Gefahr und haben mehr Geduld mit den Unberechenbarkeiten von Kindern. In die Tierheime werden ständig die Produkte unerwünschter, „aus Versehen" vollzogener Paarungen eingeliefert. Mit jeder Kastration, die verantwortungsbewußte Hundebesitzer vornehmen, wird auch etwas für Entlastung der Tierheime getan.

Im übrigen sei darauf hingewiesen, daß das Kastrieren von Hunden in den USA unter der Bezeichnung „neutering" seit Jahren von angesehenen Tierschützern und Hundeexperten nicht nur zur Lösung von Unterbringungsproblemen, sondern generell empfohlen und von den Hundehaltern auch in beachtlichem Umfang praktiziert wird.

Pflege und Erziehung

Pflegehinweise

Haut und Haarkleid sind entsprechend den Anforderungen des Lebens in freier Landschaft (Wolf, Wildhund) so aufgebaut, daß sie gegenüber allen äußeren Einflüssen wie Witterung, Staub und Schmutz allein in der Lage sind, damit fertig zu werden. Vieles Baden und Waschen führt nur dazu, daß die Widerstandsfähigkeit herabgesetzt und natürliche Schutzstoffe entzogen werden. Die Hundehaut verträgt weder zu saure noch zu alkalische Substanzen, also keine Seifen und Kosmetika, wie wir Menschen sie täglich benutzen. Es müssen speziell für Hunde entwickelte Reinigungsmittel verwendet werden (z. B. Hundeshampoo, Tierschaumbad, Nerzölbad u. a.). Mit dem Baden sollte nicht zu früh begonnen werden (erst nach dem sechsten Monat), es sei denn, eine totale Verschmutzung wie Wälzen im Aas oder auf Mist zwingt dazu. Im Gegensatz zur Freilufthaltung im Zwinger kann in einer kleineren Wohnung eine intensive Haar- und Hautpflege erforderlich werden. Ein nasses und verschmutztes Fell riecht leicht nach dem Spaziergang und ist für Familie und Wohnung unangenehm.

An dieser Stelle soll nicht unerwähnt bleiben, daß Teppichböden für die Hundehaltung in der Wohnung ungünstig sind. Ist ein Bad notwendig geworden, kann nach dem Shampoo-Reinigungsbad (zweimal auftragen, eine Weile einwirken lassen, dann abduschen) ein Nachspülen mit „Töpfers Kleiebad“ empfohlen werden, was von Müttern für Kleinkinder gern verwendet wird. Das Haarkleid des Hundes bekommt dadurch ein glattes und glänzendes Aussehen. Nachher wird gut trockengerieben und später nur gebürstet, das Ganze zur Schonung der Haut nicht zu oft.

Das schließt natürlich nicht aus, daß ein Hund bei großer Wasserfreudigkeit im Sommer bei sich bietender Gelegenheit schwimmen und baden soll. Er schüttelt sich nachher kräftig und trocknet von allein. Nur im Frühjahr und Herbst, wenn es kälter wird, soll man ihn abfrottieren und an einen wärmenden, zugfreien Platz bringen.

Ein gepflegter Hund wird überall gern gesehen; deshalb braucht man ihn keineswegs regelmäßig in einen Hundesalon zu bringen. In den meisten Fällen genügt Bürsten mit einer kräftigen Bürste aus Naturborsten, je nach Haarbeschaffenheit länger oder kürzer, härter oder weicher. Kämme werden kaum benutzt, weil volles Haar leicht zerstört wird.

Kurzhaarige und rauhhaarige Hunde lassen sich gut mit einer Borstenkartätsche behandeln, wie man sie in ähnlicher Form auch für Pferde verwendet. Das Bürsten wirkt allgemein wie eine Hautmassage, es entfernt Staub und Schmutz, hilft auch gegen Ungeziefer. Man bürstet vom Kopf über den Rücken bis zum Rutenansatz, dann über die Keulen abwärts bis zu den Läufen und Pfoten. Die meisten Hunde empfinden diese Prozedur als angenehm und lassen sie sich gern gefallen.

Ein glattes, glänzendes und sauberes Fell zeugt rein äußerlich für Gesundheit, was erfahrungsgemäß auch ohne allzuhäufiges Baden zu erreichen ist.

Unterbringung

Der in Wohnung bzw. Haus gehaltene Hund bekommt am besten eine Lagerstelle für den Tag und eine für die Nacht zugewiesen. Hierfür genügt eine Decke, Matte oder auch ein Schaumstoffkissen, dessen Überzug waschbar sein sollte. Am Fußboden zieht meist ein kälterer Luftstrom durch, außerdem liebt es der kleinere Hund häufig, wenn er etwas erhöht ruhen kann (weder direkt an der Heizung noch unmittelbar an der Tür oder unter dem Fenster). Die Wahl des Platzes sollte man durchaus korrigieren, falls er dem Hund nicht behagt. Man hat sonst nur immer wieder Schwierigkeiten, ihn auf eine Ruhestelle zu weisen, die ihm unsympathisch ist.

Ein zu warmer, verweichlichender Lagerplatz wirkt sich auf die Behaarung aus. Der Wechsel zu dichterer Behaarung im Winter erfolgt nicht anlagegemäß, und der Hund wird anfällig für Erkältungskrankheiten. Außerdem zieht sich der Haarwechsel hinaus, und solche „Dauerhaarung“ ist in der Wohnung unangenehm.

Grundlagen der Erziehung und Einzelprobleme

Die Erziehung eines Hundes erfordert Konsequenz, Geduld und Einfühlungsvermögen – in dieser Hinsicht sind Hunde eben auch nur Menschen! – sowie die Kenntnis der Tatsache, das Hunde nicht logisch denken, sondern assoziativ. Dies bedeutet schlicht, daß selbst ein intelligenter Hund üblicherweise nicht in der Lage ist, zwei in größerem zeitlichem Abstand stattfindende Ereignisse, die in ursächlichem Zusammenhang stehen, als ursächlich zusammenhängend zu begreifen; sein Denken vollzieht sich vielmehr in der Form, daß er zwei zeitlich unmittelbar aufeinanderfolgende Ereignisse in der Regel als zusammengehörig betrachtet.

Dieser Umstand hat für die Erziehung von Hunden weitreichende Konsequenzen:

Das Strafen eines Hundes ist nur sinnvoll, wenn man ihn beim Begehen oder unmittelbar nach Begehen einer Missetat ertappt. Als Strafe geeignet sind ein scharfer „Anpfiff" und Schütteln des Hundes mit festem Griff im Nackenfell. Auf diese Weise lernt der Hund sehr schnell, was er darf und was er nicht darf. Schläge sind als Strafe denkbar ungeeignet, ein leichter Klaps kann jedoch unter Umständen vertretbar sein.

Um einem Hund klarzumachen, was er zu tun hat, ist ein unmittelbar nach der Leistung gespendetes Lob, unter Umständen auch in Form von Leckereien, das gebotene Mittel. Wer seinen Hund zehnmal vergeblich zu

Erstes Erkunden der Welt außerhalb der Wurfkiste

sich gerufen hat, muß ihn, selbst wenn das Stimmungsbarometer auf Orkan steht, intensiv loben, wenn er denn gütigerweise beim elften Mal tatsächlich kommt.

Wer in einer solchen Situation die Selbstbeherrschung verliert und seinen Hund in dem Moment, in dem er zu ihm gekommen ist, bestraft, bewirkt damit nur, daß der Hund mit „auf Befehl zu Herrchen kommen" bündig „bestraft werden" assoziiert. Ein solcher Hund wird seinen „Erzieher" in vergleichbaren Situationen nur noch mit Sicherheitsabstand umkreisen, was unter anderem das Anleinen ganz außerordentlich erschwert. Mit der Hand geprügelte Hunde können sogar handscheu werden.

Zur Konsequenz bei der Erziehung gehört auch, daß man geduldig das Befolgen einer einmal gegebenen Anordnung herbeiführt und daß man für ein und dieselbe Anordnung auch stets ein und dasselbe Kommando bei entsprechendem Tonfall verwendet. Ein Hund lernt so sehr schnell, wer der Rudelführer ist – insbesondere dann, wenn dieser klug genug ist, nur dann einen Befehl zu geben, wenn er ihn auch durchsetzen kann.

Im übrigen: Wer nicht sofort mit der Erziehung seines Hundes beginnt, darf sicher sein, von ihm erzogen zu werden. Hundeerziehung läßt sich nun einmal nicht aufschieben. Es ist kaum möglich, einem Hund klarzumachen, daß Dinge, die zwei Wochen lang geduldet oder gar mit Entzücken verfolgt wurden, plötzlich verboten sein sollen.

Obwohl über die Erziehung zur Stubenreinheit bei manchen Schreibtischkynologen recht seltsame Vorstellungen bestehen, ist sie üblicherweise nicht mit Schwierigkeiten verbunden. Entscheidend ist, daß man sich einige Tage Zeit nimmt, den gerade erworbenen Welpen genau zu beobachten und die zeitliche Abfolge seiner Bedürfnisse kennenzulernen, denn kleine und vor allem größere Geschäfte kommen nicht aus heiterem Himmel.

Die Erfahrung lehrt, daß man mit folgender Faustregel in relativ kurzer Zeit sicher zum Erfolg kommt: Wer mit dem Welpen nach jedem Fressen, nach jedem Schlafen, zwischendurch spätestens nach jeweils eineinhalb bis zwei Stunden und dazu abends so spät und morgens so früh wie möglich nach draußen an den Ort geht, der auf Dauer sein Löseplatz sein soll, dort genügend Geduld für den Hund aufbringt und ihn nach Erledigung seiner Geschäfte ausgiebig lobt, hat sehr bald einen stubenreinen Hund, der anzeigt, wann er „muß".

War der Welpe bei seinem Züchter daran gewöhnt, sich auf Zeitungspapier zu lösen, wobei die Zeitungsfläche im Laufe der Zeit immer kleiner wurde, so empfiehlt es sich grundsätzlich, dieses Verfahren insoweit beizubehalten, als man dem Welpen die Zeitung zunächst als Löseplatz läßt (im

Idealfall auf dem Balkon oder auf der Terrasse).

Trotzdem sollte der Hund zu den schon genannten Anlässen und Zeiten regelmäßig ins Freie geführt werden. Der Welpe wird sich recht bald daran gewöhnen, seine Geschäfte draußen zu verrichten, da er den natürlichen Trieb hat, seine Behausung sauberzuhalten, ganz davon abgesehen, daß es draußen interessanter riecht.

Wenn man feststellt, daß ein Welpe sich nach dem Fressen oder Schlafen mit suchendem Schnüffeln unter auffälligen Drehungen niederhockt, kann man ihn noch hochnehmen und nach draußen auf seinen Löseplatz setzen. Bei einem Welpen, der mit der Zeitungsmethode erzogen wurde, wäre es jedoch problematisch, ihn noch hochzunehmen, wenn er sich auf seine Zeitung gehockt hat; er könnte das so verstehen, daß er nicht mehr auf die Zeitung machen soll, was aber für nachts und für längere Zeiten des Alleinseins am Tage durchaus wünschenswert ist.

Ein wohlerzogener Hund darf nicht nur seine Wohnung nicht verunreinigen, er soll sie auch bewachen und verteidigen; letzteres gilt auch für seine zweibeinigen Rudelgefährten. Die meisten Hunde tun dies ohne große Anleitung. Wer aber aus Freude darüber, daß er sich seinem Volke mit einem außergewöhnlich attraktiven Hund zeigen kann, diesen von jedermann streicheln läßt, darf sich nicht wundern, wenn der Hund bald jede Distanz zu Fremden verliert und zu jedermanns Liebling wird.

Und was, wenn der Hund entlaufen ist?

Rassehunde müssen aus verschiedensten Erwägungen nach den Vorgaben der jeweiligen Zuchtvereine tätowiert werden. Sie werden dabei mit einem speziellen Zahlencode (zumeist im Ohr) versehen. Ist ein Hund entlaufen oder auf sonstige Weise abhanden gekommen, so erleichtert diese Nummer eine Rückmeldung beträchtlich.

Für Mischlingshunde sind entsprechende Tätowierungs-Systeme nicht vorgesehen, gleichwohl sollten Sie Ihren Tierarzt bitten, bei Ihrem Hund eine Tätowierung vorzunehmen. Inzwischen gibt es aber neue, sichere Tierkennzeichnungs- und Registrierungssysteme, bei denen dem Hund vom Tierarzt ein winziger Chip (Transponder) implantiert wird, dessen Kenn-Nummer (Code) im Impfpaß und bei einer Tierregistrierungsorganisation, von denen es in Deutschland drei überregional tätige gibt, dokumentiert wird. Über die Codenummern kann so mit Hilfe eines Lesegerätes jederzeit der Besitzer des aufgefundenen Hundes ermittelt werden. Weitere zweckdienliche Hinweise wird Ihnen Ihr Tierarzt gern erteilen.

Ausbildungsmöglichkeiten und Hundesport

Eine „Grundausbildung“ vorzunehmen, die den Hund zu einem verkehrssicheren, umweltsicheren und an seinen Lebensraum angepaßten Gefährten macht, wird jeder Hundehalter als seine Aufgabe ansehen.

Manchen mag es darüber hinaus reizen, die Talente seines Hundes weiter auszubilden. Dafür haben der Verband für das Deutsche Hundewesen und seine Mitgliedsvereine mehrere Ausbildungs- und Prüfungsordnungen festgelegt.

Reinrassigkeit ist dabei kein Kriterium, Mischlingshunde dürfen durchaus teilnehmen. Voraussetzung ist nur die Mitgliedschaft in einem dem VDH angeschlossenen Verein, und da die Rassezuchtvereine mit Mischlingen wenig anfangen können, wird sich für den Halter eher ein Gebrauchshundverein anbieten.

Basis ist die Ausbildung zum Begleithund; auf ihr bauen die Spezialausbildungen und -prüfungen (Schutzhund, Fährtenhund, Wachhund, Ausdauer, Rettungshund-Tauglichkeit) auf.

Zum Schutzhundtraining oder zur Fährtenarbeit wird nur zugelassen, wer die Begleithundprüfung abgelegt hat. Wegen ihrer Bedeutung werden die Richtlinien dieser Prüfung nachstehend abgedruckt:

Richtlinien der Begleithundprüfung (BH)

Zulassungsalter: 12 Monate.

Leinenführigkeit:
Mit durchhängender Leine, Hund links in Kniehöhe, sind verschiedene Gangarten (normal – schnell – langsam), 90°-Winkel nach rechts und links sowie Kehrtwendungen, Grundstellungen (GS) (Hund setzt sich beim Halten möglichst schnell links neben seinen Hundeführer ohne Hörzeichen hin) darzustellen. Außerdem muß durch eine Gruppe sich frei bewegender Menschen gegangen werden und in dieser mindestens einmal die GS eingenommen werden.

Freifolge:
Wie Leinenführigkeit, jedoch mit abgeleintem Hund.

Während der Freifolge werden zudem mindestens 2 Schuß aus einer Schreckschußpistole aus mindestens 15 Schritten Entfernung zur Überprüfung der Geräuschfestigkeit abgegeben.

Sitz aus der Bewegung:
Auf einer geraden Strecke wird im Normalschritt der Hund mit „Sitz“

zum Sitzen veranlaßt, während der Hundeführer (HF), ohne seinen Gang zu unterbrechen, ca. 30 Schritte weitergeht und sich dann umdreht.

Nach ca. 30 Sekunden geht der HF wieder zu seinem Hund zurück und holt ihn ab.

Platz aus der Bewegung + Herankommen:

Analog dem Kommando „Sitz“ wird der Hund diesmal mit „Platz“ zum Hinlegen veranlaßt. Statt dem anschließenden Abholen, wird der Hund mit „Hier“ zum HF gerufen.

Absitzen am Straßenrand

Ablegen unter Ablenkung:
Während ein 2. Hundeführer die vorstehenden Aufgaben absolviert, liegt der Hund unangeleint an der Seite ab. Der HF steht währenddessen ca. 30 Schritte entfernt mit dem Rücken zum Hund.

Führigkeit und Verhalten im Straßenverkehr:
Auf einem normalen Gehweg/Straße geht der HF mit angeleintem Hund. Ein Jogger (Auftragsperson) sowie ein dicht mit Klingelzeichen vorbeifahrender Radfahrer schneiden den Weg. Zuletzt wird eine Person mit Handschlag begrüßt. Gegenüber Personen und Verkehr muß sich der Hund gleichgültig verhalten.

Verhalten unter erschwerten Bedingungen:
Im stärkeren Passantenverkehr muß der HF zweimal halten, der Hund muß sich einmal setzen und einmal auf Kommando legen. Der Hund hat sich auch trotz zusätzlichen ungewöhnlichen Geräuschen (z. B. Zug o. ä.) ruhig zu verhalten.

Verhalten des kurzfristig im Verkehr angeleint allein gelassenen Hundes, Verhalten gegenüber Tieren:
Der Hund wird an einen Zaun, Mauerring o. ä. angebunden und vom HF kurzfristig allein gelassen (Situation z. B. beim Einkaufen; HF muß außer Sicht gehen). Ein zweiter Hund wird vorbeigeführt. Der allein gelassene Hund soll sich die gesamte Zeit ruhig verhalten und darf nicht aggressiv auf den anderen Hund reagieren.

Für die übrigen Prüfungen können hier kurze Angaben genügen (Genaueres beim DHV oder beim Deutschen Hundesportverband; Adressen im Anhang):

Die Schutzhundausbildung leitet sich in wesentlichen Merkmalen von der Ausbildung eines Polizeihundes ab. Der Hund wird darauf trainiert, Personen, die sich in einem Versteck befinden, aufzuspüren, zu stellen und bei Gegenwehr anzugreifen. Weitere Ausbildungsthemen sind allgemeine „Unterordnung" und Fährtenarbeit.

Die Fährtenhundausbildung ist keine jagdliche, sondern eine ergänzende Ausbildung für Schutz- und Polizeihunde. Es gibt zwei Prüfungen, die sich in der Länge der Fährte, in deren Alter und in der Zahl der zu suchenden Gegenstände unterscheiden.

Bei der Ausdauerprüfung muß der Hund 20 km angeleint rechts neben dem Fahrrad in einem Tempo von 12 bis 15 km/h herlaufen. Unterwegs sind zwei Pausen à 15 bzw. 20 Minuten einzulegen.

Zur Wachhundprüfung gehören verschiedene Unterordnungs-, Such- und Bring-Übungen, in der Rettungshund-Tauglichkeitsprüfung muß der Hund Ausdauer, Fertigkeit im Suchen und Klettern und vor allem Unerschütterlichkeit gegenüber Ablenkungen und Störungen zeigen.

Großer Beliebtheit erfreuen sich inzwischen Geschicklichkeitswettbewerbe unter dem Namen „Agility“. Das Wort stammt aus dem Englischen, es bedeutet „Beweglichkeit“. Beim Agility kommt es darauf an, einen Parcours mit Übungsgeräten in möglichst kurzer Zeit zu durchqueren. Als Übungsgeräte dienen gerade und gebogene Tunnel, Wippen, Sprunghindernisse, Kletterwände und eine mit Stangen markierte Slalomstrecke. Hund und Hundeführer durchlaufen den Parcours gemeinsam, für das Auslassen von Hindernissen oder bei falscher Überquerung werden Strafpunkte gegeben, die zur Laufzeit addiert werden.

Am Agility-Training können auch Hunde teilnehmen, die die Begleithundprüfung noch nicht abgelegt haben, bei Wettkämpfen ist diese allerdings Voraussetzung.

Auf dem Agility-Parcours

Das Züchten von und mit Mischlingshunden

Bastardzucht und gezielte Kreuzungen

Mischlingswürfe sind weit überwiegend Kinder des Zufalls oder die Folgen stark emotional geprägter Entscheidungen; zu einem geringen, aber keineswegs unbeachtlichen Teil jedoch auch das Ergebnis planvoller Vorgehensweisen, denen in verschiedenen sozialen Milieus höchst unterschiedliche Zielsetzungen zugrunde liegen.

Beginnen wir mit der Negativvariante: dem Züchten von aggressiven, kampfstarken und beißkräftigen Bastarden, die unter Bezeichnungen wie „Bandog“ oder „Pitbull“ bei „Unfällen“ mit Menschen oder Artgenossen nur zu häufig Negativschlagzeilen machen.

Bei der Produktion solcher Bastarde, die dann von verantwortungslosen Haltern zu Beißmaschinen trainiert werden, werden in der Regel Hunde mit niedriger individueller Reizschwelle verpaart. Bei der Verpaarung dieser gefährlichen Hundeindividuen wird im Hinblick auf den „Rassemix“ sowohl auf einschlägige Mischlingshunde als auch – und vor allem – auf Rassehunde zurückgegriffen, wobei diese solchen Rassen angehören, die fälschlich und allen wissenschaftlichen Erkenntnissen zum Trotz in den Medien regelmäßig als „Kampfhunde“ bezeichnet werden.

Nun sind aber erwiesenermaßen nicht bestimmte Hunderassen, sondern immer nur bestimmte Hundeindividuen gefährlich – und im Zweifel auch nur dadurch, daß gefährliche Menschen sie gefährlich gemacht haben. Mit anderen Worten, der Gesetzgeber muß, um Abhilfe zu schaffen, am oberen Ende der Leine ansetzen.

Das Land Nordrhein-Westfalen hat mit seiner Gefahrhundeverordnung (GefHuVO NW) vom 21. 09. 1994 ein wirksames Instrument zur Bekämpfung dieses Übels bereitgestellt. Es ist zu wünschen, daß möglichst schnell möglichst alle übrigen Bundesländer diesem Beispiel folgen.

Kommen wir nun zu einem hochspezialisierten Kreis von durchaus seriösen Mischlingshundzüchtern.

In jagdlich interessierten Kreisen hatte und hat die gezielte Zucht von Mischlingshunden durch einmalige Kreuzung zweier Rassehunde eine lange Tradition – vor allem in England. Hier erfreut sich der Lurcher als der klassische Mischling seit über 200 Jahren eines beachtlichen Ansehens. Lurcher sind Windhundkreuzungen verschiedenster Art; dabei wurde und wird jeweils ein Exemplar einer Wind-

Beliebte Mischung: Deutscher Schäferhund und Collie

hundrasse (vornehmlich Greyhound, Whippet oder Irish Wolfhound) mit einem Exemplar einer anderen, zumeist rauhhaarigen Hunderasse, die zudem auch Jagdpassion haben sollte (sehr häufig eine Terrierrasse von passender Größe), gekreuzt.

Da Windhunde auf Sicht (also mit den Augen) jagen, Terrier und andere Rassen aber nach der Nase, erhoffen sich diejenigen, die solche Kreuzungen vornehmen, vom Lurcher, daß dieser sowohl auf Sicht als auch nach der Nase jagt. „Lurcher" ist also der Sammelname (Sammelbegriff) für die unterschiedlichsten Windhundmischlinge, die im übrigen als ausgesprochen intelligent gelten und auch heute auf großen Gehöften oft nützliche Arbeit verrichten.

Ein zweites Beispiel dieser Art ist der Lucas Terrier, benannt nach dem in den 30er Jahren dieses Jahrhunderts sehr bekannten Arbeitsterrier-Experten und Sealyham Terrier-Spezialisten Captain Jocelyn Lucas.

Der Lucas Terrier ist eine Kreuzung aus Sealyham und Norfolk Terrier; ein kleiner, niederläufiger, kräftiger Terrier also, der vorzüglich zur Bauarbeit geeignet ist.

Es kann an dieser Stelle nicht nachdrücklich genug festgestellt werden, daß die genannten beiden Typen von Mischlingshunden jeweils die Endprodukte einer gezielten Kreuzung von zwei rasseverschiedenen Rassehunden sind.

Mit diesen Mischlingen wird also nicht weitergezüchtet (z. B. um noch eine neue Rasse zu kreieren), denn das „Zuchtziel" ist der spezielle Typ Mischlingshund und nicht eine neue Rasse. Folglich ist es bei diesen Mischlingszüchtungen angezeigt, die Hunde möglichst unmittelbar nach Erreichen der Geschlechtsreife vom Tierarzt kastrieren zu lassen, um so unerwünschten Nachschub für das nächste Tierheim durch Abkömmlinge dieser Hunde zu verhindern.

In den Kreisen derer, die bei der Zucht von Mischlingshunden planvoll experimentieren, um möglichst pfiffige Mischlinge von – wie auch immer letztlich geartetem – erfreulichem Erscheinungsbild und angenehmem Wesen zu erhalten, ohne die „Wundertüte", vor allem hinsichtlich der Größe der ausgewachsenen Mischlingshunde,

Terrier-Mischling

gar zu sehr zu füllen, erfreuen sich bestimmte, in etwa größengleiche Kombinationen besonderer Beliebtheit:

- Terrier-Pudel-Mischlinge
- Dackel-Terrier-Mischlinge
- Retriever-Vorstehhund-Mischlinge
- Schäferhund-Retriever-Mischlinge.

Wer aus vorwiegend emotionalen Gründen mit seinem Mischlingshund unbedingt einmal einen Wurf züchten möchte, sei hier nachdrücklich gewarnt.

Wer meint, es seinem Hund aus gesundheitlichen oder sonstigen dem Wohle seines Hundes angeblich förderlichen Gründen schuldig zu sein, seinen Rüden einmal decken oder seine Hündin einmal werfen zu lassen, weil „die Hunde das ganz einfach brauchen“, mag sich in aller Deutlichkeit gesagt sein lassen: Die Hunde brauchen das zu ihrem Wohle ganz und gar nicht, wie jeder wissenschaftlichen Stellungnahme zu diesem Thema zu entnehmen ist: weder für ihre Gesundheit noch für ihre Wesensentwicklung. Die unsinnige Behauptung, ein Hund müsse „es“ einmal im Leben gemacht haben, wird auch durch gebetsmühlenhafte Wiederholung nicht wahrer. Vor der Frage „Wohin mit den Welpen?“ die Augen zu verschließen, um letztlich dem nächsten Tierheim die Probleme zu überlassen, ist schlicht verantwortungslos. Da ist es viel sinnvoller, seinen als Welpen erworbenen Mischlingshund unmittelbar nach der Geschlechtsreife oder ältere Hunde zu jedem beliebigen Zeitpunkt (Hündinnen jedoch am besten zwischen zwei Läufigkeiten) kastrieren zu lassen und sich seinen nächsten Mischlingshund aus dem Tierheim zu holen.

Dieser Rat gilt ganz besonders für jene Hundefreunde, die unbedingt von ihrem ihnen ans Herz gewachsenen Mischling einen Nachkommen haben möchten. Ohne dieses Ansinnen hier psychologisch deuten zu wollen – man verlöre dabei wohl auch den Spaß am Freud! – muß auch hier nachdrücklich gefragt werden: Wohin mit den übrigen Welpen? Denn der eine, den man behalten will, hat bei kleinen Rassen häufig noch 3, bei mittelgroßen noch 5 und bei großen Rassen unter Umständen sogar 8 bis 10 Wurfgeschwister!

In den Vereinigten Staaten ist das Kastrieren von Hunden, die nicht zu Zuchtzwecken gehalten werden, seit langem üblich.

Durch diese vernünftige Praxis wird vielen Hunden, insbesondere Mischlingshunden, ein wenig erfreuliches Schicksal erspart und die Chance der Hunde, die aus welchen Gründen auch immer im Tierheim gelandet sind, auf ein verständnisvolles und verständiges Familienrudel nachhaltig verbessert. Und die Lebensqualität des „neutralisierten“ Hundes leidet in keiner Weise – vieles spricht sogar für das Gegenteil (siehe Kapitel „Rüde oder Hündin“).

Diese Mahnung gilt insbesondere für jene Liebhaber von Mischlingshunden, deren Würfe „Kinder des Zufalls“ sind – wobei das Wort Zufall vielfach nur eine schamvolle Umschreibung für Unwissen und Unachtsamkeit der Hundehalter ist.

Wer als Halter eines Mischlingshundes
- nicht bereit ist, sich die notwendige Sachkunde, die jegliches Züchten nun einmal erfordert, auch anzueignen,
- wer nicht in der Lage ist, dieses Wissen im Ernstfall auch anzuwenden, und schließlich
- wer nicht in der Lage ist – aus welchen Gründen auch immer – seinen Hund in den kritischen Phasen unter Aufsicht und Kontrolle zu halten, sollte sich eigentlich moralisch verpflichtet fühlen, den amerikanischen Weg der Kastration zu gehen.

Immerhin haben sich Deutschlands Katzenfreunde diesen Erkenntnissen bereits in erfreulichen Größenordnungen geöffnet. Da sollten Deutschlands Hundefreunde nicht länger nachstehen und sich nun wirklich nicht noch länger so verhalten, als seien sie selbst unmittelbar von diesem Eingriff betroffen.

Züchterisches Grundwissen

Wer sich dennoch entscheidet, mit seinen Mischlingshunden einen Wurf zu züchten, sollte stets bedenken:

Es gehören dazu neben viel Zeit und Platz
- ein hohes Maß an Verantwortung vor allem für die Zuchthündin, die durch Trächtigkeit, Geburt und Aufzucht der Welpen zumindest keinen Schaden nehmen darf,
- solide Kenntnisse der Vererbungslehre und der zuchtrelevanten Bereiche von Tiermedizin und Verhaltensforschung sowie
- die Fähigkeit, diese Kenntnisse auch praktisch umsetzen zu können.

Um es noch einmal ganz deutlich zu sagen:

Wer nicht zu den selten gewordenen Menschen zählt, die über gediegene Kenntnisse und praktische Erfahrungen in der Hundezucht verfügen, sollte es als seine selbstverständliche Pflicht ansehen, sich zunächst einmal auf dem Gebiet der Hundezucht gründlich sachkundig zu machen, ehe er Zuchtverantwortung für diese Art von Lebewesen übernimmt.

Unabdingbare Voraussetzung dafür, daß das Züchten nicht zum Glücksspiel und für die betroffenen Tiere unter Umständen sogar zum lebensgefährlichen Experiment wird, ist nun einmal, daß ein Züchter über solide Grundkenntnisse der Vererbungslehre im allgemeinen und der Vererbungsprobleme bei Hunden im besonderen verfügt, die zuchtrelevanten Bereiche der Tiermedizin hinreichend beherrscht und mit den Eigentümlichkeiten der Verhaltensentwicklung von Hunden, insbesondere ihren Entwicklungsphasen, vertraut ist.

Diese Kenntnisse kann man sich nicht durch die Lektüre weniger Zeilen, sondern nur durch gründliches Erarbeiten der einschlägigen Fachliteratur erwerben. Hans Räbers „Brevier neuzeitlicher Hundezucht" leistet hier vorzügliche Dienste; auch „Die Vererbung des Hundes" von Burns/Fraser sollte Pflichtlektüre sein, wobei anzumerken ist, daß durch zahlreiche neuere Arbeiten über einzelne Körper- und Wesensmerkmale des Hundes und ihre Erbgrundlagen inzwischen weitere Hilfen verfügbar sind.

Als Pflichtlektüre einzustufen ist ebenfalls Eberhard Trumlers „Hunde ernstgenommen. Zum Wesen und Verständnis ihres Verhaltens" – ein Buch, mit dem dieser in manchem sicherlich alles andere als unumstrittene Kynologe durch seine Darstellung der Verhaltensentwicklung des Hundes im Welpen- und Junghundalter Bahnbrechendes geleistet hat.

Für denjenigen, der sich anhand der einschlägigen Fachliteratur hinreichend sachkundig gemacht und eine tragende Hündin in seiner Obhut hat, dürfte es schließlich selbstverständlich sein, daß er seinen Tierarzt vom mutmaßlichen Wurftermin informiert und ihn spätestens am 65. Tag, gerechnet vom 1. Decktag, auch konsultiert, sofern die Temperaturkurve der Hündin bis dahin normal verlaufen ist.

Auch bei der Geburt von Mischlingshunden kann es schließlich aus leicht einsehbaren Gründen zu Geburtskomplikationen kommen.

Ungewöhnliche Kombination: Schäferhund und Bullterrier

Pedigree
PAL
MIXER

Ernährung

Der Hund braucht mehr als Fleisch

Leben ist Bewegung. Leben ist Wachstum. Leben ist Stoffwechsel. Damit Lebensvorgänge ablaufen können, muß sich das Lebewesen ernähren. Der Zweck der Ernährung ist es, dem Körper Nährstoffe zuzuführen. Diese dienen der Bewegung, indem sie Energie liefern, dienen dem Wachstum, indem sie die Baustoffe darstellen, dienen dem Stoffwechsel, indem sie verbrauchte Substanzen ersetzen. Nährstoffe befinden sich in der Nahrung. Tiere sind von organischen Stoffen abhängig. Diese gehen sämtlich auf Stoffwechselprodukte der Pflanzen zurück.

Der Hund als Nachfahre des Wolfes steht am Ende der Nahrungskette. Er verwertet nicht die Pflanze selbst, sondern pflanzenfressende Tiere. Die wildlebenden Ahnen unseres Hundes verzehrten ihre Beute meist vollständig. Daher geht der Begriff „Fleischfresser" am Kern vorbei. Denn nicht nur Muskelfleisch, sondern ebenso die Knochen, Sehnen, das Fell und natürlich die Innereien samt dem pflanzlichen Inhalt wurden verschlungen. Treffender ist also die Bezeichnung „Beutetierfresser".

- Der Hund steht am Ende der Nahrungskette.
- Der Hund benötigt neben Fleisch auch Fett, Mineralstoffe, Vitamine und pflanzliche Materialien.
- Der Hund ist ein Beutetierfresser.

Das Verdauungssystem spaltet die Nahrung auf

Dem Wolf wie auch seinem Nachfahren Hund sind eine Reihe spezialisierter Organe eigen, mit denen er seine Nahrung beschaffen, zerkleinern und verwerten kann. Die Zähne dienen dem Ergreifen und Zerteilen der Beute. Mit Hilfe des Speichels gleitfähiger gemacht, gelangt die Nahrung durch die sehr dehnbare Speiseröhre in den Magen. Hier erfolgt eine erste Aufspaltung der einzelnen Bestandteile. Dieser Vorgang wird im Dünndarm fortgesetzt. Unverzichtbare Hilfe leisten dabei Verdauungsenzyme, die in der Bauchspeicheldrüse und der Leber gebildet werden. Ihre Aufgabe ist die biochemische Zerkleinerung der Nährstoffe bis auf die Grundbausteine. Nur so zerlegt ist die Nahrung letztendlich verwertbar. Die Nährstoffe werden dann von der Darmschleimhaut aufgenommen und mit Hilfe des

Blutkreislaufs in jede noch so entlegene Zelle des Körpers transportiert. Dort erst erfüllen sie ihre eigentliche Funktion. Im Muskel beispielsweise wird die biochemische Energie bestimmter Nährstoffe in Bewegungsenergie umgewandelt, im Knochen dienen andere Nährstoffe als Bausteine den Wachstumsvorgängen. Unverwertbare Bestandteile der Nahrung gelangen in den Dickdarm und werden wieder ausgeschieden.

- Die Nahrung muß aufgespalten werden, um verwertbar zu sein.
- Die Aufspaltung erfolgt hauptsächlich im Dünndarm.
- Die Nährstoffe werden mit dem Blutkreislauf aus dem Darm in alle Körperzellen transportiert.

Hohe Energieausbeute nur bei hochverdaulicher Nahrung

Ob unser Mischling läuft, springt, mit dem Schwanz wedelt oder vielleicht nur daliegt und Herrchen oder Frauchen beim Lesen zuschaut – jeder dieser Vorgänge braucht Energie, sie ist die treibende Kraft aller Lebensvorgänge. Unser Hund bezieht sie aus seinem Futter. In biochemischer Form gespeichert, gelangt Energie in den Körper und wird dort in die unterschiedlichsten Lebensäußerungen umgewandelt. Bei diesen Umwandlungsprozessen gibt es Verluste. Über Kot und Harn werden Stoffe ausgeschieden, die noch Energie speichern.

Auch Wärmeverluste schmälern die Energieausbeute für den Organismus. Dennoch hat das Energieumwandlungssystem „Hund" einen höheren Wirkungsgrad als jedes vom Menschen ersonnene. Eines liegt jedoch auf der Hand: Je höher die Verdaulichkeit der Nahrung ist, desto geringer sind die Energieverluste für den Hund.

- Ohne Energie gibt es kein Leben.
- Die Energie ist in der Nahrung.
- Je höher die Nahrung verdaulich ist, desto besser wird sie verwertet.

Eiweiße sind Baustoff, Energieträger und Wirkstoff zugleich

Jeder Hund benötigt über fünfzig verschiedene Nährstoffe, und zwar Tag für Tag, ein Leben lang. Man kann diese der besseren Übersichtlichkeit halber in Hauptnährstoffgruppen zusammenfassen. Eine wesentliche dieser Gruppen wird von den Eiweißen oder Proteinen gebildet. Sie stellen wichtige Körperbausteine dar. Nur eine einzige Körpersubstanz überhaupt enthält keine Eiweiße als Baustein, und das ist der Zahnschmelz. Alle anderen Gewebe, ob nun Muskel, Nerven,

Ferienflirt zwischen einer Boxerhündin und einem Mischlingsrüden

Haut oder innere Organe, bestehen in irgendeiner Form aus Eiweißen. Sogar der Knochen enthält nicht nur Mineralstoffe, sondern eben auch Gerüstproteine. Darüber hinaus werden wichtige Wirkstoffe wie Enzyme und Hormone durch Eiweiße aufgebaut. Außerdem sind Eiweiße eine Energiequelle für Hunde.

Die Energieausbeute beim Abbau der Eiweiße ist jedoch nicht besonders hoch. In dieser Hinsicht ist die Nutzung von Fetten effizienter. Fette sind die für den Hund günstigste Energiequelle. Die Ausbeute bei ihrem biochemischen Abbau ist um etwa ein Drittel höher als bei Eiweißen. Fette sind jedoch nicht nur Energielieferanten. Sie stellen auch wichtige Bausteine für Zellmembranen dar und sind unverzichtbarer Bestandteil von bestimmten Hormonen und Vitaminen.

Kohlenhydrate kommen in der Natur in großen Mengen in Pflanzen vor. Das Verdauungssystem des Hundes kann diese nur in erhitzter Form spalten. Dann stellen einige Kohlenhydrate jedoch gute Energielieferanten dar. Weiterhin dienen Kohlenhydrate als Ballaststoffe. In dieser Funktion regen sie die Darmbewegung an und sind so für die Passage der Nahrung durch den Darm unerläßlich.

Ebenso wichtige, jedoch grundsätzlich andere Aufgaben erfüllen die Mineralstoffe. Die bekanntesten unter ihnen, Kalzium und Phosphor, bilden die Hauptbestandteile der Knochen. Sie fungieren also als Baustoff. Andere Mineralstoffe werden im Stoffwechsel von Substanzen benötigt, welche Steuer- und Regelungsmechanismen bedienen. So gibt es eine Reihe von Enzymen und Hormonen, die ohne die Anwesenheit bestimmter Mineralstoffe wirkungslos blieben. Weiterhin laufen so wichtige Vorgänge wie Blutgerinnung, Muskelkontraktionen oder die Erregungsleitung in Nerven nur ab, wenn die dazugehörigen Mineralstoffe dem Körper über die Nahrung zugeführt werden. Die Gruppe der Mineralstoffe kann man noch einmal unterteilen in Mengenelemente (von diesen wird ein bedeutendes Quantum täglich benötigt) und Spurenelemente (hiervon reichen oft schon ganz geringe Mengen im Mikrogrammbereich aus).

Schließlich müssen noch die Vitamine in der Nahrung sein, von denen es fettlösliche und wasserlösliche gibt. Vitamine haben lebenswichtige Steuerfunktionen, dienen dem Sehvermögen, der Krankheitsabwehr oder dem Energiestoffwechsel.

- Eiweiße sind Baustoff, Energieträger und Wirkstoff zugleich.
- Fette sind die günstigste Energiequelle.
- Mineralstoffe bauen das Skelett auf und steuern lebenswichtige Vorgänge im Stoffwechsel.
- Vitamine regeln unverzichtbare Lebensprozesse.

Wachsende Hunde benötigen spezielle Nahrung

Die moderne Tiermedizin hat die Besonderheiten des Hundestoffwechsels genau untersucht. So besteht heute die Möglichkeit, nicht allein den Energiebedarf eines heranwachsenden Hundes genau anzugeben, sondern auch seinen Bedarf an Kohlenhydraten, Eiweißen und Fetten sowie Mineralstoffen und Vitaminen. Dies ist entscheidend, wenn man das Ziel hat, durch eine artgerechte Bilanzierung von Nahrungsbestandteilen eine gesunde Hundeentwicklung zu fördern.

Ein gutes Beispiel dafür ist der Bewegungsapparat. Mit Hilfe von Messungen der Wachstumsgeschwindigkeit der Knochen, Röntgenaufnahmen des Bewegungsapparates, Bestimmungen der Knochendichte, Vergleich von vielen hundert gesund aufgewachsenen Hunden und weiteren Untersuchungsverfahren ist der Bedarf an Kalzium und Phosphor genau festgestellt worden.

Aufgrund dieser Zahlen sind wissenschaftlich exakte Empfehlungen für die Versorgung mit diesen Mengenelementen möglich – und zwar jeden Monat im Leben eines wachsenden Hundes. Wegen des hohen Bedarfs der Welpen an knochenaufbauenden Mineralstoffen liegt der Kalzium- und Phosphorbedarf in den ersten beiden Lebensmonaten rund viermal höher als beim erwachsenen Hund. Mit zunehmender Mineralisierung der Knochen nimmt er im Laufe des Wachstums stetig ab.

Um ein gleichmäßiges Knochenwachstum und eine gesunde Skelettentwicklung zu erreichen, kann die Versorgung mit Kalzium und Phosphor eigentlich nur durch eine ausgewogene, altersangepaßte Vollnahrung problemlos gewährleistet werden.

Eine Selbstherstellung von Hundenahrung ist wegen der möglichen Unter- oder Überversorgung mit lebenswichtigen Nährstoffen insbesondere bei Welpen sehr kritisch. So ist in „Eigenmischungen“ das Kalzium-Phosphor-Verhältnis meist nicht korrekt ausbilanziert.

Die Wachstumsrate junger Hunde und die Unterschiede zwischen einzelnen Hunden werden übrigens nicht allein durch Erbanlagen bestimmt. Auch äußere Faktoren wie Ernährung, Klima oder Krankheiten sind wichtig. Eine optimale Gestaltung der äußeren Einflußfaktoren kann das Wachstum im positiven Sinne beeinflussen – also eine artgerechte, angemessene Ernährung, gute Haltungsbedingungen und eine vernünftige Krankheitsverhütung, zum Beispiel durch Impfungen. Da es bei jedem Hund Unterschiede der äußeren Bedingungen gibt, variiert die Gewichtsentwicklung von Individuum zu Individuum ein wenig. Das bedeutet, daß es immer Abweichungen des altersentsprechenden Körpergewichtes von den wissenschaftlich ermittelten Durchschnittswerten gibt. Diese Unterschiede sind aber nicht nur von wissenschaftlichem Wert. In der Praxis ergeben sich aus den natürlichen Differenzen bei der Wachstumsgeschwindigkeit Unterschiede beim Bedarf der wachsenden Hunde an Energie, Eiweißen und insbesondere auch Mineralstoffen. Dies muß bei der Ernährung von Welpen und Junghunden bedacht und einkalkuliert werden.

Das Verdauungssystem und der Stoffwechsel von Welpen weisen eine Reihe von Besonderheiten auf. Der Magen ist noch relativ klein, so daß nur eine begrenzte Menge Nahrung aufgenommen werden kann. Diese eingeschränkte Speicherfunktion des Magens macht eine häufige Nahrungsaufnahme notwendig.

Einige Körpergewebe beziehungsweise Organsysteme sind während der ersten Lebensmonate ganz besonders auf eine richtig zusammengesetzte Nahrung angewiesen, um sich so entwickeln zu können, wie es die Natur vorgesehen hat. Hierzu gehören Bewegungsapparat, Abwehrsystem, Fortpflanzungssystem, Haut und Fell sowie Lunge und Atemwege.

Anders als das Herz-Kreislauf-System des jungen Hundes, das sich schon im Mutterleib fast vollständig entwickelt hat, reift beispielsweise der Bewegungsapparat erst später aus. So sind nach der Geburt zwar sämtliche Knochen beim Welpen angelegt und vorhanden, bestehen aber überwiegend noch aus Knorpel, also einem Gewebetyp, der zwar sehr elastisch ist, jedoch nur eine geringe Festigkeit hat. Dieses bindegewebige Gerüst wandelt der Organismus nach und nach zum tragfähigen Knochen um, indem er Mineralstoffe – vor allem Kalzium und Phosphor – einlagert. So entwickelt der Junghund im Laufe vieler Monate die biologisch notwendige Festigkeit seiner Knochen. Solange bleibt den noch nicht voll mineralisierten Knochen die Möglichkeit, weiter zu wachsen. Erst gegen Ende der Wachstumsperiode des Hundes verschließen sich die Wachstumsfugen der Knochen, die bis dahin ein Längenwachstum ermöglicht haben. Im gesamten Zeitraum der Knochenbildung muß also die Zusammensetzung der Nahrung optimal auf die Bedürfnisse des Knochenwachstums eingestellt sein.

Junge Hunde haben keinen Schutzmechanismus vor überhöhter Kalziumzufuhr mit der Nahrung wie erwachsene Tiere. Unter dem Einfluß von Hormonen wird ein eventueller Kalziumüberschuß überwiegend in den Knochen eingelagert, was im Endeffekt zu einer gesteigerten und gleichzeitig gestörten Verknöcherung führt. Die daraus resultierenden Skelettdeformierungen und Bewegungseinschränkungen sind im späteren Lebensalter nicht wiedergutzumachen.

Die Empfehlung, Junghunden eine Kalziumergänzung – selbst bei Verwendung einer vollständigen und richtig bilanzierten Vollnahrung – zukommen zu lassen, ist wissenschaftlich nicht haltbar. Wegen der möglichen Gefahren ist die Gabe von kalziumreichen Nahrungsadditiven deswegen zu vermeiden.

- Wachsende Hunde haben einen höheren Energiebedarf.
- Das heranwachsende Skelett braucht mehr als doppelt so viele Mineralstoffe.
- Spezielle Welpennahrung deckt alle Bedürfnisse ab.

Fertignahrung ist hochwertig, sicher und bequem

Wie wir gesehen haben, benötigen Hunde sehr viele verschiedene Nährstoffe. Diese müssen nicht nur in der optimalen Menge, sondern auch im richtigen Verhältnis zueinander in der Nahrung sein. Hinzu kommen besondere Lebenssituationen wie Wachstum, Phasen hoher körperlicher Belastung, Trächtigkeit oder Alter. Jede dieser Situationen bringt veränderte Nährstoffansprüche mit sich. Verdaulichkeit und Schmackhaftigkeit des Futters sollen auch gewährleistet sein, damit der Hund den Napf leert. Wollten wir unserem Hund selbst die tägliche Nahrung bereiten, hätten wir das alles zu beachten. Wir müßten den Gehalt der Ausgangsmaterialien an Eiweißen, Fetten, Mineralstoffen und Vitaminen genau kennen. Wer jedoch mißt die Menge essentieller Aminosäuren oder den Vitamingehalt eines Stückes Fleisch? Wieviel Kalzium ist denn nun in der Messerspitze Futterkalk enthalten? Und was ist mit der Zeit, die wir für die tägliche Futterration unseres vierbeinigen Freundes benötigen würden?

Am sichersten ist die Verwendung qualitativ hochwertiger Fertignahrung, wie sie von verantwortungsbewußten, erfolgreichen Züchtern empfohlen wird. Alle Nährstoffe sind in richtiger Menge und optimalem Verhältnis enthalten. Man kann genau portionieren, die Fütterung ist sauber, schnell und bequem.

Das deutsche Futtermittelrecht regelt die Zusammensetzung streng und genau. Es dürfen nur einwandfreie Rohmaterialien von gesunden Tieren und Pflanzen verwendet werden. Fertignahrung ist also der beste und sicherste Weg, unseren Hund richtig und gesund zu ernähren. Und schmecken wird es ihm ganz gewiß.

- Futterselbstzubereitung ist kompliziert, zeitraubend und erfordert Spezialkenntnisse.
- Fertignahrung ist sicher, hat hohe Qualität und erfüllt alle Nährstoffansprüche des Hundes.

Wichtige Tips zur Fütterung Ihres Hundes

1. Bei der Verwendung von Fertignahrungsmitteln, die als „Alleinfutter“ deklariert sind, erhält Ihr Hund alle lebensnotwendigen Nährstoffe in ausgewogener Zusammensetzung für ein langes, gesundes Hundeleben.
2. Ein Welpe braucht zu Beginn eines Lebens etwa doppelt so viele Nährstoffe und Energie wie ein ausgewachsener Hund, deshalb füttern Sie in der Wachstumsphase ein Fertigfutter, welches für wachsende Hunde bestimmt ist.
3. Verwenden Sie als Milchersatz für Saugwelpen nur spezielle Welpenmilchprodukte, Kuhmilch ist auf keinen Fall zu empfehlen, da sie nicht eiweiß- und fettreich genug ist und zu Durchfällen führen kann.
4. Achten Sie darauf, Futterumstellungen langsam und schrittweise über fünf Tage durchzuführen, so daß sich der Verdauungstrakt des Hundes an die neue Nahrung gewöhnen kann.
5. Füttern Sie stets zur gleichen Zeit und möglichst am gleichen Ort weder zu heiß noch zu kalt (nicht direkt aus dem Kühlschrank).

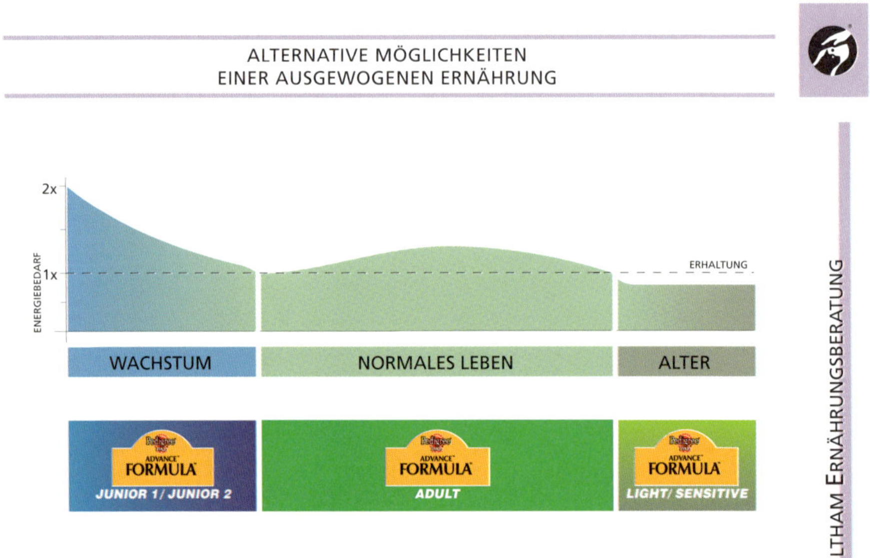

6. Bieten Sie ihrem Hund nur die Futtermenge an, die er auch auffrißt, keine Futterreste stehenlassen.
7. Frisches Wasser zum Trinken sollte Ihr Hund stets zur Verfügung haben.
8. Füttern Sie Fleisch bitte nur im abgekochten Zustand, bei der Fütterung von rohem Fleisch besteht Infektionsgefahr.
9. Bei der Verwendung eines hochwertigen Fertigfutters brauchen Sie keinerlei Zusatzstoffe oder Ergänzungsfuttermittel zusätzlich zu füttern.
10. Bei älteren Hunden ist die Futtermenge in 2–3 Mahlzeiten aufzuteilen. Die verwendeten Eiweiße müssen hochwertig und hochverdaulich sein.

Unermüdlich beim Spiel

Gesundheit

Vorbeugen ist besser als Heilen

Artgerechte Haltung, Pflege und Ernährung sind Voraussetzungen für die Gesundheit. Das seelische Wohlbefinden des Hundes ist so wichtig wie das körperliche. Der gesunde Hund nimmt aufmerksam und lebhaft Anteil an seiner Umgebung. Er ist kräftig und ausdauernd. In der Ruhe atmet er 10- bis 20mal, das Herz schlägt 70- bis 100mal in der Minute. Die Körpertemperatur liegt um 38,5 °C. Gesundheit ist nicht nur „Freisein von Krankheiten", sie schließt auch Widerstandskraft gegen Infektionen ein.

Das Haarkleid schützt nicht nur gegen Wind und Wetter, es ist auch Zeichen von Gesundheit. Stumpfes Haar, ständiger Haarausfall und starker Geruch deuten auf innere Erkrankungen hin. Die Haut soll frei von Schuppen und Rötungen sein, kein Juckreiz soll den Hund plagen.

Flöhe, Läuse und Haarlinge kann auch der gepflegteste Hund von einer Hundebegegnung mitbringen. Bei Juckreiz wird als erstes die Haut auf Flohstiche – bis zu linsengroße, geschwollene Rötungen – und das Fell auf Parasitenkot – kleine schwarze Pünktchen – abgesucht. Lieblingssitze der ungebetenen Gäste sind die Innenflächen der Hinterbeine, die „Achselhöhlen" und die Ohrmuscheln. Bei leichtem Befall genügt ein Flohpuder oder -spray. Wirksamer sind Waschlösungen, die das Fell bis auf die Haut benetzen, oder verschreibungspflichtige Mittel, die auf die Haut getropft werden und bis zu vier Wochen wirken.

Das Ablecken solcher Mittel muß aber unbedingt verhindert werden. „Anti-Floh-Halsbänder" geben bis zu vier Monaten gas- oder puderförmige Wirkstoffe ab. In Hundehütten können bei einigen Halsbändern Giftgaskonzentrationen auftreten, die auch für den Hund bedenklich sind. Manche Halsbänder verlieren zudem durch Nässe an Wirksamkeit. Bei Flohbefall muß immer das Lager des Hundes mitbehandelt werden. Moderne Spezialmittel töten dabei nicht nur „erwachsene" Flöhe, sondern stoppen auch die weitere Entwicklung der Flohlarven. Hundedecken werden am besten ausgekocht, Teppiche regelmäßig gesaugt und Stroh in der Hütte gewechselt.

Zecken lassen sich aus dem Gebüsch auf den Hund fallen, beißen sich in der Haut fest und saugen sich mit Blut voll. Je länger sie saugen, desto größer ist in bestimmten verseuchten Gegenden die Gefahr, daß eine für Hunde gefährliche Infektionskrankheit, die Borreliose, übertragen wird. Deshalb sollten Zecken so rasch wie möglich entfernt werden. Sie dürfen aber nicht einfach ausgerissen werden, weil dabei die Beißwerkzeuge in der Haut steckenbleiben und Entzündungen verursachen können. Am besten erfaßt man die Zecke mit einer Spezialpinzette und hebelt sie drehend aus der Haut heraus. Auf keinen Fall darf eine Zecke mit Alkohol betäubt oder mit Öl erstickt werden. Im Todeskampf gibt sie ihren Speichel in die Blutbahn des Hundes ab und damit eventuell Erreger einer Infektion. Inzwischen gibt es, allerdings nur beim Tierarzt, ein Anti-Zecken- und -Flohhalsband, das den Befall mit Zecken weitgehend und das Blutsaugen sicher verhindert.

Die Ohren sollten alle vier Wochen gereinigt werden. Mit Wattestäbchen kann man das Trommelfell zwar kaum verletzen, das Ohrenschmalz aber in der Tiefe zusammenstopfen. Besser ist ein alkoholischer Ohrreiniger, der randvoll ins Ohr eingegossen und bei zugedrückter Ohrmuschel durchmassiert wird. Das gelöste Ohrenschmalz kann der Hund dann selbst ausschütteln, vorzugsweise im Freien.

Dunkle, übelriechende Beläge im Ohr zeigen eine Entzündung an. Meist wird sich der Hund dann auch am Ohr oder – scheinbar – am Halsband kratzen und den Kopf schütteln. Ursache des „Ohrenzwanges" können Ohrenmilben, Grasgrannen oder andere Fremdkörper sowie Bakterien und Pilze sein. Wenn zwei- bis dreimalige gründliche Reinigung mit dem Ohrreiniger keine Besserung bringt, ist eine gezielte Behandlung erforderlich.

Die Augen werden mit einem Stückchen Mullbinde oder einem Taschentuch vom „Schlaf" gereinigt. Fusseln von Watte oder Papiertaschentüchern reizen die Schleimhäute. Bindehautentzündungen können auch durch Zugluft, Staub oder starke Sonne verursacht werden. Zur Linderung werden Augentropfen in den heruntergezogenen Bindehautsack geträufelt. Borwasser wird heute nicht mehr verwendet, weil feine Kristalle als Fremdkörper wirken können. Länger andauernder wäßriger, schleimiger oder eitriger Augenausfluß sollte nicht mit Hausmitteln kuriert werden. Es könnte eine Infektion vorliegen. Wucherungen auf der Rückseite der Nickhaut müssen meist operativ behandelt werden.

Die Zähne werden durch Hundekuchen oder Knochen ausreichend gereinigt. Auch die Tortur des Zähneputzens kann Zahnstein kaum verhindern. Zur Entfernung weicher Beläge eignet sich am ehesten ein Wattebausch, getränkt mit dreiprozentiger Wasserstoffsuperoxydlösung. Zahnstein ist ein fest anhaftender brauner Belag aus verhärteten Salzen. Fauliger

Mundgeruch durch Zahnfleischentzündungen und -vereiterungen sowie Zahnausfall sind die Folgen. Zahnstein sollte frühzeitig fachkundig entfernt werden.

Lose Zähne müssen gezogen werden. Da der Hund keine Beute jagen, festhalten oder zerreißen muß, kann er auf schmerzende Zähne gut verzichten. Nach Entfernung der Eiterherde wird er sich auch allgemein wohler fühlen, denn sie können den Körper vergiften und zum Beispiel chronische Herzklappenentzündungen auslösen.

Die Analbeutel sollen eigentlich bei jedem Kotabsatz eine individuelle Duftmarke zur Revierkennzeichnung hinterlassen. Infolge der Domestikation funktioniert die Entleerung häufig nicht richtig. Sekretstauungen sind die Folge; den Juckreiz versucht der Hund vergeblich durch Rutschen auf dem After zu beseitigen. Dieses „Schlittenfahren“ ist entgegen landläufiger Vermutung fast nie auf Wurmbefall zurückzuführen. Stark gefüllte Analbeutel müssen fachkundig ausgedrückt, vereiterte müssen tierärztlich behandelt werden.

Die Krallen werden nur bei regelmäßigem Auslauf auf hartem Untergrund ausreichend abgelaufen. Nur bei krankhaftem Hornwachstum oder Stellungsfehlern müssen sie geschnitten werden. Dabei soll die in der Kralle verlaufende Ader nicht verletzt werden. „Wolfskrallen“, Überbleibsel der an sich verkümmerten fünften Zehe an Vorder- und Hinterläufen, können bei Verletzungen stark bluten. Sie sollten vorsorglich amputiert werden. Das geschieht üblicherweise schon bei neugeborenen Welpen.

Erste Hilfe tut not

Hautverletzungen müssen genau inspiziert werden. Oberflächliche Abschürfungen und Schrunden können mit Hausmitteln behandelt werden. Auf jeden Fall werden im Bereich der Verletzungen die Haare mit einer gebogenen Schere kurz abgeschnitten. Sie verkleben sonst mit dem Wundsekret; Vereiterung ist die Folge. Die Wunde wird mit Wundgel, -spray oder -tinktur behandelt. Fetthaltige Salben behindern den heilungsfördernden Luftzutritt, Puder verkrustet.

Bei tieferen Wunden mit Durchtrennung der Haut sollte umgehend ein Tierarzt hinzugezogen werden. Bei Beißereien und Stacheldrahtverletzungen wird die Haut oft vom Körper losgerissen, so daß tiefe Taschen zu versorgen sind. Von Fall zu Fall ist zu prüfen, ob eine „offene Wundbehandlung“ oder eine Naht besser ist. Nur frische Wunden können mit Aussicht auf komplikationslose Heilung genäht werden. Eine offene, aus der Tiefe nässende oder eiternde Wunde darf der Hund belecken. In allen anderen Fällen wird die Wundheilung behindert, weil die zarten Heilungszellen am Wundrand gestört werden. Das Belekken von Wunden und das Abreißen von Verbänden können durch einen Halskragen verhindert werden, den es fix und fertig vom Tierarzt gibt.

Wundstarrkrampf ist beim Hund selten. Impfungen sind daher nicht üblich. Zur Vorbeugung sollen Wunden ausbluten und nicht luftdicht abgedeckt werden. Wenn größere Adern verletzt sind, kommt es zu andauernden, starken Blutungen. Häufig tritt Blut im Strahl aus. Dann muß zur Ersten Hilfe ein Druckverband angelegt werden. An ungünstigen Körperstellen wie am Kopf kann auch von Hand eine Kompresse aufgedrückt werden. Gliedmaßen können abgebunden werden, die Abbindung muß aber viertelstündlich kurz gelöst werden. In solchen Fällen ist stets umgehend tierärztliche Hilfe erforderlich.

Unfälle können auch zu inneren Verletzungen und Gehirnerschütterungen führen. Bei Bewußtseinstrübungen soll nie Flüssigkeit eingeflößt werden. Die Maulschleimhaut kann aber mit Kaffee, Tee oder auch einfach mit Wasser befeuchtet werden. Der Hund wird vorsichtig getragen oder seitlich mit tiefliegendem Kopf und herausgezogener Zunge auf einer Decke gelagert, die, von zwei Personen an den Ecken strammgezogen, auch als „Tragbahre“ dient. Am Unfallort sind meistens die Diagnose und vor allem eine wirksame Schockbehandlung erschwert. Telefonisch sollte zur Vermeidung unnötiger Wege und

Im Hundeleben steht Spielen immer ganz obenan

Zeiten ein dienstbereiter Tierarzt verständigt und umgehend aufgesucht werden.

Lahmheiten können viele Ursachen haben. Als erstes wird die Pfote untersucht. Dornen oder Splitter werden ausgezogen. Verfilzte Haare drükken zwischen den Ballen wie ein Stein im Schuh; sie werden daher vorsichtig ausgeschnitten. Wunde Stellen werden wie Hautverletzungen behandelt. Im Winter müssen Streusalzreste von den Pfoten abgewaschen werden.

Bei Krallenbettentzündungen können warme Kamillen- oder Seifenbäder Linderung bringen. Lose Krallenteile werden an der Bruchstelle beherzt abgeschnitten. In vielen Fällen ist ein Verband erforderlich. Er muß fachkundig angelegt werden, um Druckstellen zu vermeiden. Bei Schwellungen, Prellungen und Verstauchungen kann das Fell des betroffenen Körperteils mehrmals täglich mit kaltem Wasser durchnäßt werden. Das wirkt wie ein Kühlverband, lindert den Schmerz und hemmt – frühzeitig angewendet – weitere Schwellungen. Wenn ein Bein überhaupt nicht belastet wird, besteht Verdacht auf Knochenbruch. Bei stark abnormer Beweglichkeit können die Gliedmaßen durch eine Notschiene ruhiggestellt werden. Andauernde, wiederkehrende oder sich verschlimmernde Bewegungsstörungen sind stets ein Fall für den Tierarzt. Das Humpeln auf einem Hinterbein wird nicht selten durch eine Ausrenkung der Kniescheibe oder durch Riß von Bändern bedingt, die operativ fixiert werden müssen.

Vergiftungen sind meist „Unglücksfälle" und nur selten böse Absicht. Rattengift kann bei unsachgemäßem Auslegen direkt, aber auch mit vergifteten Nagetieren aufgenommen werden. Meist handelt es sich um Cumarinpräparate, die zu inneren Blutungen führen. Vorsicht ist auch bei Schädlings- und Unkrautbekämpfungs- sowie bei Frostschutzmitteln geboten. Hochgiftige Thallium-, Zinkphosphid- und Arsenzubereitungen, Blausäure und Strychnin sind heute gottlob kaum noch erhältlich.

Die besten Überlebenschancen bestehen, wenn man „nach frischer Tat" das Gift wieder aus dem Magen herausbefördern kann. Der Tierarzt kann Erbrechen durch eine Spritze auslösen, der Laie durch Eingeben von zwei bis drei Teelöffeln Salz. Nach dem Erbrechen kann eine Aufschwemmung von etwa zehn Kohlekompretten eingeflößt werden. Milch wird nicht gegeben, weil verschiedene Gifte fettlöslich sind.

Etwa vorhandene Hinweise auf die Art des Giftes ermöglichen eine rechtzeitige, gezielte tierärztliche Behandlung. Ungewisser sind die Aussichten, wenn Vergiftungsfolgen wie Krämpfe, Mattigkeit oder Brechdurchfall schon eingetreten sind, die Ursache aber nur vermutet werden kann. Eine genaue Diagnose ist oft erst durch Spätschä-

Winterliche Verhältnisse machen ihm nichts aus

den wie Blutungen oder Haarausfall möglich. Dann kann es für eine Rettung bereits zu spät sein.

Durchfall ohne Fieber bessert sich häufig nach einem Fastentag: Der Hund erhält ausschließlich stark verdünnten Tee mit einer Prise Salz, aber ohne Zucker. Zur Geschmacksverbesserung ist Süßstoff erlaubt. Zusätzlich ist es nie verkehrt, eine Aufschwemmung von Kohlekompretten einzugeben. Keinesfalls darf Durchfall mit Wasserentzug „behandelt" werden; der Körper würde zu stark austrocknen.

Am zweiten Tag erhält der Hund in kleinen Portionen ein Diätfutter, zum Beispiel Beefsteakhack, Schmelzflocken und rohen geriebenen Apfel. Am dritten Tag muß der Kot zumindest wieder dickbreiig sein.

Verstopfungen lassen sich oft durch rohe Leber oder Milz oder einige Teelöffel süßer Dosenmilch beheben. Bei krampfhaft vergeblichem Drängen kann ein Mikroklistier Erfolg bringen. Bei einer Verhärtung von Knochenteilen im Enddarm hilft allerdings meist nur ein fachgerechter Einlauf.

Erbrechen ist keine selbständige Krankheit. Einmaliges Erbrechen kann durch zu hastiges Fressen, zu kaltes Futter oder Aufnahme von Fremdkörpern ausgelöst werden. Gelegentliches Erbrechen ist beim Hund ohne große Bedeutung. Um zu erbrechen, frißt der Hund häufig Gras. Geschieht das regelmäßig oder wird ständig das Futter erbrochen, muß ein Tierarzt hinzugezogen werden. Auch Durchfall und Erbrechen mit Fieber sind kein Fall für Hausmittel.

Scheinträchtigkeit tritt bei manchen Hündinnen etwa acht Wochen nach der Läufigkeit auf. Sie sind unruhig, „bemuttern" irgendwelche Gegenstände, fressen schlecht und erbrechen gelegentlich. Das Gesäuge schwillt, Milch bildet sich. Abhilfe schafft häufig wenig Fressen und Trinken bei viel Bewegung und Beschäftigung. Das Gesäuge kann mehrmals täglich mit kaltem Wasser befeuchtet werden, um Schwellung und Milchproduktion zu hemmen. Keineswegs soll die Milch ausgedrückt werden. Damit würde nur die weitere Milchbildung angeregt. Bei sehr starker Gesäugeschwellung und trotz Hausmitteln nicht nachlassenden Erscheinungen muß der Tierarzt verständigt werden.

Insektenstiche, vor allem durch das Schnappen nach Wespen und Bienen verursacht, können schnell zu erheblichen Schwellungen am Kopf oder, noch schlimmer, im Rachen führen. Äußerliche Kühlung mit Eiswürfeln und eine Tablette gegen Allergie ersparen oft nicht die möglichst rasche tierärztliche Behandlung.

Alarmzeichen

Fieber ist eine Abwehrreaktion des Körpers, meist auf Infektionen. Die

Hundenase kann auch beim kranken Hund feucht und kühl sein. Die Temperatur muß mit einem Fieberthermometer (je nach Modell bis zu fünf Minuten) im Mastdarm gemessen werden. Sie darf nicht über 39 °C liegen. Untertemperaturen unter 37,5 °C entstehen infolge einer Reduzierung der Stoffwechselvorgänge häufig vor dem Tod.

Husten, als ob ein Knochen im Hals säße, tritt bei Mandelentzündungen auf. Ernstere Infektionen wie Zwingerhusten oder gar Staupe könnten auch vorliegen. Pumpende Atmung entsteht durch eine Lungenentzündung, aber auch durch Wasseransammlung in der Lunge, zum Beispiel infolge von Vergiftungen. Bei alten Hunden kann der damit verbundene Husten auch auf eine Herzschwäche zurückzuführen sein. Bauchpressen und Aufblasen der Backen sind Zeichen höchster Atemnot.

Schleimhäute im Auge und im Fang geben Hinweis auf innere Erkrankungen: Blässe deutet auf Blutarmut hin, Gelbfärbung auf Leberschäden mit Gelbsucht, Blutungen auf schwere Infektionen oder Vergiftungen, eine bläuliche Färbung tritt bei Herz- und Kreislaufschwäche auf.

Zwei in den Dünen

Kot und Urin mit Blutbeimengungen lassen krankhafte Veränderungen erkennen. Bei Blutungen im Magen und in den vorderen Darmabschnitten kann der Stuhl durch das verdaute Blut pechschwarz aussehen. Nierenerkrankungen können auch mit erhöhtem Durst verbunden sein. Wenn Mattigkeit und Mundgeruch hinzukommen, ist meist bereits eine Harnvergiftung eingetreten.

Harnsteine, Blasenriß oder Vergiftungen können dazu führen, daß überhaupt kein Urin mehr abgesetzt wird; dann besteht höchste Gefahr. Geschwülste, Prostatavergrößerungen und Mastdarmveränderungen erschweren den Kotabsatz. Verhärtete Knochenteile können den Enddarm völlig verstopfen. Erbrechen und zunehmende Mattigkeit bei fehlendem Kotabsatz sprechen für Darmverschluß oder einen Fremdkörper im Darm.

Speicheln wird im harmlosesten Fall durch Fremdkörper in der Maulhöhle oder durch lose Zähne verursacht, bedenklicher wäre eine E605-Vergiftung oder Pseudowut, schlimmstenfalls ist an Tollwut zu denken.

Umfangsvermehrungen des Bauches bei sonst normalem Ernährungszustand oder zunehmender Abmagerung können durch Tumore oder Bauchhöhlenwasser hervorgerufen werden. Bei einer Gebärmuttervereiterung besteht gleichzeitig fast immer starker Durst, gelegentlich auch Scheidenausfluß. Eine plötzliche Aufblähung des Bauches mit Kolik und Kreislaufschwäche, bedingt durch eine Magendrehung, erfordert unverzügliche Operation. Eine Entzündung der Kaumuskeln mit Schwellung und Verhärtung sowie hervortretenden Augäpfeln muß sofort tierärztlich behandelt werden.

Infektionen bedrohen die Gesundheit

Staupe und ansteckende Leberentzündung (Hepatitis) sind Viruskrankheiten, die für Junghunde besonders gefährlich sind, aber auch ältere Hunde befallen. Staupe beginnt mit einem häufig kaum merkbaren, kurzen Fieber, dem nach etwa acht Tagen eine schwere Lungenentzündung mit eitrigem Augen- und Nasenausfluß oder ein Durchfall folgt. Eine besondere Verlaufsform ist mit einer Verhärtung der Ballen verbunden. Nach scheinbarer Besserung treten nervöse Erscheinungen bis hin zu Krämpfen auf, die meistens zum Tod führen.

Nach überstandener Staupe bleibt häufig ein nervöses Zucken der Kopfmuskeln, der „Staupetick", nach Erkrankungen im Junghundealter das „Staupegebiß" mit erheblichen Zahnschmelzdefekten zurück. Die ansteckende Leberentzündung verläuft ähnlich, mit hohem Fieber, Apathie und Appetitlosigkeit. Hornhauttrübungen können bleibende Folgeschäden sein.

Stuttgarter Hundeseuche (Leptospirose) wird durch Bakterien verursacht und von Hund zu Hund übertragen. Sie beginnt häufig mit einer Schwäche in den Hinterbeinen. Geschwüre im Maul, Magen und Darm sind mit aasartig-faulem Maulgeruch und blutigem Durchfall verbunden.

Tollwut tritt bei Hunden nur noch selten auf. Die Seuche wird vor allem durch Füchse übertragen. Hinweisschilder warnen in gefährdeten Gebieten vor Tollwut. Die Krankheit ist besonders tückisch: Die typischen Wuterscheinungen mit heiserem Gebell, Wasserscheue, Unruhe und unmotivierter Beißwut fehlen häufig. Die „stille Wut“ ist im Anfangsstadium schwer zu erkennen. Ein erkranktes Tier stirbt immer.

Parvovirose ist eine Viruskrankheit, die sich bei Hunden aller Altersgruppen in schweren, durch Erbrechen und Durchfall gekennzeichneten Erkrankungen äußert. Bei Welpen kann plötzlicher Herztod auftreten.

Der Erreger ähnelt dem Katzenseuchevirus; eine wechselseitige Ansteckung zwischen Hund und Katze ist jedoch nicht möglich. Die An-

Sozialkontakt zu anderen Hunden ist sehr wichtig

steckung erfolgt über Ausscheidungen von Hund zu Hund, aber auch durch Verschleppung angetrockneter Ausscheidungen, zum Beispiel an Kleidungsstücken.

Impfungen schützen vor diesen Infektionskrankheiten

Welpen in gefährdeten Zuchten oder ungeimpfte Hunde mit verdächtigen Krankheitserscheinungen können mit einem Serum behandelt werden, das fertige spezifische Abwehrstoffe enthält. Diese „passive Immunisierung" schützt aber nur für zwei bis drei Wochen. Der Käufer eines Hundes sollte den Impfpaß daraufhin genau prüfen.

Länger dauernden Schutz vermittelt nur die „aktive" Schutzimpfung. Dabei werden abgeschwächte oder abgetötete Infektionserreger eingeimpft. Der Körper reagiert darauf mit der Bildung eigener Abwehrstoffe. Bei den heute üblichen Kombinationsimpfstoffen kennzeichnen die Buchstaben S, H, L, T und P die Wirksamkeit gegen die in Frage kommenden Seuchen.

Welpen werden mit sechs bis acht Wochen das erste Mal geimpft und müssen dann mit etwa zwölf Wochen nach Impfplan nachgeimpft werden. Auch bei älteren, noch nicht geimpften Hunden empfiehlt sich eine zweimalige Grundimmunisierung, um einen umfassenden Impfschutz gegen alle Infektionskrankheiten aufzubauen.

Der einmal gebildete Impfschutz baut sich im Laufe der Zeit ab. Kommt der Hund mit betreffenden Seuchenerregern in Berührung, so wird die Antikörperbildung aufgefrischt. Ist der Impfschutz aber bereits zu stark abgesunken, kann der Hund erkranken.

Deshalb sind regelmäßige Auffrischungsimpfungen erforderlich, am besten jährlich mit einem Kombinationsimpfstoff. Denn die Tollwutimpfung wird ohnehin nur für ein Jahr anerkannt, die Leptospiroseimpfung wirkt nicht länger, und gegen die seit einiger Zeit wieder bedrohlich zunehmende Staupe gilt es, auf Nummer Sicher zu gehen.

Ein sicherer Impfschutz des Hundes ist auch für den Menschen wichtig. Erkrankte Hunde können Leptospiren übertragen, die beim Menschen das „Canicola-Fieber" oder die „Weilsche Krankheit" hervorrufen.

Hundetollwut ist wegen des engen Kontaktes für Menschen viel gefährlicher als Wildtollwut. Geimpfte Hunde übertragen keine Tollwut. Nach einem Kontakt mit verdächtigem Wild brauchen sie deshalb auch nicht getötet zu werden, wie dies für ungeimpfte Hunde gesetzlich vorgeschrieben ist.

Ein Charakterkopf

Gegen andere Infektionen schützt Vorsicht

Toxoplasmose wird durch einzellige Schmarotzer hervorgerufen. Ihr Stammwirt ist die Katze. Bei anderen Tieren werden ansteckungsfähige Dauerformen gebildet.

Hunde erkranken überwiegend durch infiziertes Schweinefleisch. Für die Ansteckung des Menschen wurden sie früher zu Unrecht verantwortlich gemacht.

Aujeszkysche Krankheit wird ebenfalls durch Schweinefleisch übertragen. Unstillbarer Juckreiz, Unruhe, Ängstlichkeit und Speichelfluß haben gewisse Ähnlichkeit mit Tollwut. Die Krankheit wird daher auch „Pseudowut" genannt. Schweinefleisch und in der Zusammensetzung unbekannte Fleischmischungen, zum Beispiel aus Supermärkten, müssen deshalb gut durchgekocht werden. Fertigfutter und Rindfleisch sind dagegen unbedenklich.

Zwingerhusten tritt vor allem in Tierheimen und Hundehandlungen auf. Unter begünstigenden Umständen lösen Viren und Bakterien gemeinsam Entzündungen von Luftröhre und Bronchien aus.

Kennzeichnend ist ein kurzer, trockener Husten. Sekundärinfektionen können den Krankheitsverlauf verschlimmern. Während des Urlaubs sollte man seinen Hund nicht in unbekannte Heime oder Pensionen geben oder ihn vorsorglich auch gegen Zwingerhusten impfen lassen.

Wurmkuren gegen unerwünschte Kostgänger

Spulwürmer können bei Junghunden zu Verdauungs- und Entwicklungsstörungen, zu Vergiftungserscheinungen und sogar zum Tod führen. Fast alle Welpen werden im Mutterleib mit Spulwürmern infiziert. Die ersten Wurmkuren soll schon der Züchter durchführen. Junghunde werden vierteljährlich entwurmt. Ältere Hunde beherbergen nur noch einzelne Würmer. Sie richten zwar keinen großen Schaden an, sind aber eine ständige Infektionsquelle. Hündinnen sollten zumindest sechs Wochen nach jeder Läufigkeit, Rüden mindestens einmal jährlich entwurmt werden. Bei festgestelltem Wurmbefall ist eine sofortige Entwurmung mit einer Wiederholungsbehandlung nach zwei bis drei Wochen erforderlich. Rohe Möhren garantieren keine Wurmfreiheit. Wirksame und verträgliche Mittel sind verschreibungspflichtig. Sie wirken auch gegen andere Rundwurmarten, zum Beispiel gegen Hakenwürmer.

Spulwürmer sind auf ihre Wirtstierarten spezialisiert; wenn der Mensch Hundespulwurmeier aufnimmt, schlüpfen zwar Larven und beginnen ihre Wanderung im Körper, sie bleiben jedoch in Organen oder Muskeln stecken und können dort schmerzhafte Entzündungen verursachen. Besonders gefährdet sind „Krabbelkinder“. Wurmkuren dienen daher auch dem Gesundheitsschutz der Familie.

Bandwürmer brauchen für ihre Entwicklung stets einen Zwischenwirt. Für den Hundebandwurm ist dies der Floh. Er nimmt die Wurmeier auf, aus denen sich eine Finne entwickelt. Der Hund „knackt“ den Floh, die Finne wächst im Hundedarm zum fertigen Bandwurm aus. Mit dem Kot erscheinen nach geraumer Zeit einzelne kürbiskernförmige, anfangs noch bewegliche Bandwurmglieder oder ein längeres, deutlich gegliedertes Wurmende. Es gibt heute neben speziellen Spulwurm- und Bandwurmmitteln auch Präparate, die gegen beide Parasitenformen wirksam und dabei gut verträglich sind. Empfehlenswert ist eine systematische vierteljährliche Bandwurmbehandlung des Hundes. Zur Bandwurmkur gehört stets eine Flohbehandlung von Hund und Lager.

Besonders bei Jagdhunden kann auch der „gesägte Bandwurm“ auftreten, dessen Zwischenwirte Hasen und Kaninchen sind. Andere Bandwurmarten, die durch Fisch oder Wild, Rinder- oder Schafeingeweide übertragen werden, kommen seltener vor. Dazu zählt der „dreigliedrige Bandwurm“, der auch dem Menschen gefährlich werden kann. Der Hund sollte zur Vorbeuge keine rohen „Konfiskat“-Innereien erhalten und daran gehindert werden, Kadaver von Wildtieren anzufressen. Für Menschen besonders gefährlich ist der vor allem in einigen Gegenden Mittel- und Süddeutschlands verbreitete „Fuchsbandwurm“, der auch durch Hunde übertragen werden kann. Neben regelmäßigen Bandwurmkuren ist es die beste Vorbeuge, den Hund in Wald und Flur anzuleinen.

Gefahren für die menschliche Gesundheit?

Hygiene. Impfungen und Wurmkuren schränken Ansteckungsgefahren ein. Hygiene tut ein übriges: Selbstverständlich hat der Hund sein eigenes Lager und Futtergeschirr; beides ist peinlich sauber. Der Hund wird so erzogen, daß er das Gesicht nicht ableckt. Das Belecken der Hände ist Ausdruck seiner Zuneigung. Man darf sie dulden, denn man kann sich die Hände anschließend waschen. Vorsichtige können Lager, Hütte und andere hygienegefährdete Stellen und Gegenstände regelmäßig desinfizieren. Die Mittel sollen gegen Viren, Bakterien und Pilze wirken. Zur Schnelldesinfektion eignet sich besonders ein Spray, der auch Ektoparasiten abtötet.

Besonders angezeigt sind solche Maßnahmen, wenn der Hund eiternde Wunden, Ekzeme, Furunkel oder eine Vorhaut-, Zahnfleisch- oder Mandelentzündung hat. Diese Infektionen sind konsequent zu behandeln. Eitererreger können auch beim Menschen Komplikationen verursachen. Vorsicht ist stets bei schlecht heilenden oder sich ausbreitenden Ekzemen geboten: Räudemilben sind zwar auf Tierarten „spezialisiert", können jedoch auch beim Menschen juckende Hautrötungen verursachen. Hautpilzinfektionen sind auf Menschen übertragbar.

Daher sollte man umgehend eine Spezialuntersuchung und Behandlung veranlassen. Pilzinfektionen entstehen nur, wenn sich die Erreger länger als 12 bis 24 Stunden auf der menschlichen Haut einnisten können. Gründliches Waschen bannt die Gefahr. Zusätzliche Sicherheit bietet ein Handdesinfektionsmittel, das nach Berührung verdächtiger Stellen oder Ausscheidungen in die Hände eingerieben wird. So wie der Hundebesitzer im eigenen Heim für hygienische Bedingungen sorgt, sollte er auch außerhalb des Hauses auf Sauberkeit achten.

Die **Kotbeseitigung** auf Rasenflächen, Wegen und Straßen sollte für den Hundehalter, besonders in der Stadt, inzwischen zu einer Selbstverständlichkeit geworden sein. Erleichtert wird dieses Bemühen durch praktische, im Heimtierbedarf erhältliche Beutel, mit denen der Kot leicht eingesammelt und entsorgt werden kann.

Allergien sind auch durch größte Sauberkeit nicht immer zu vermeiden. Einige Menschen reagieren bei Kontakt mit Tierhaaren und -hautteilen mit Ausschlägen oder Atembeschwerden. Katzen, Meerschweinchen und Vögel sind viel öfter als Hunde die Auslöser; viele andere pflanzliche und tierische Stoffe kommen hinzu.

Die Allergieursache kann von einem Hautarzt durch Spezialtests auf der Haut ermittelt werden. Auf Verdacht braucht also kein Hund abgeschafft zu werden. Und vor der Anschaffung eines Mischlinghundes brauchen auch gesundheitsbewußte Hundefreunde nicht zurückzuschrekken.

Der Mischlingshund im Alter

Bei sorgfältiger Haltung und Pflege können große Mischlingshunde bis zu 10 Jahren, kleine und mittelgroße Mischlingshunde durchaus 12 Jahre und länger unsere Weggefährten sein. Manche lassen dabei bis zum 8. Lebensjahr kaum die Spur eines Alterungsprozesses erkennen – ganz davon abgesehen, daß die in den Jahren gewachsene Zuneigung und Vertrautheit zwischen Hunden und Zweibeinern physische Veränderungen eher nebensächlich erscheinen lassen. Gerade deshalb ist es jedoch hilfreich, sich einmal deutlich zu machen, wie viele Menschenjahre welchem Hundealter entsprechen.

An dieser Stelle scheint der Hinweis geboten, daß die gängige Umrechnungsformel, die ein Hundejahr

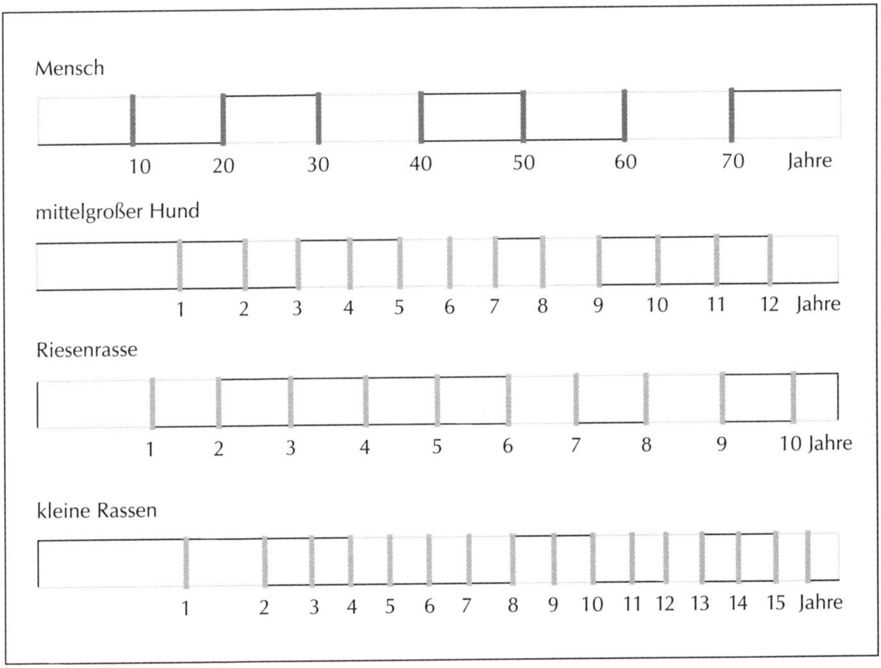

Altersvergleich

pauschal 7 Menschenjahren gleichsetzt, als unbrauchbar angesehen werden muß. Zwar ist im Hinblick auf das Altern kaum ein Mischlingsschlag wie der andere, und innerhalb eines Typs erst recht kein Hund wie der andere. Dennoch können nach dem aktuellen Stand der veterinärmedizinischen Erkenntnisse für die verschiedenen Größenklassen beim Vergleich des menschlichen Lebensalters mit dem des Hundes unter Berücksichtigung der von H. G. Niemand entwickelten Altersformel folgende Beziehungen als hinreichend aussagefähig gelten: Es entspricht (siehe Grafik: Altersvergleich):

- das erste Hundejahr 12–15 Menschenjahren,
- das zweite Hundejahr 7–9 Menschenjahren und
- jedes weitere Hundejahr 5–7 Menschenjahren.

Doch bei aller Vitalität unseres Mischlingshundes: Große Hunde müssen spätestens vom 8. Lebensjahr an, kleine bis mittelgroße in der Regel wenn das 10. Lebensjahr näher rückt, dem Alter ihren Tribut zollen. Bei all ihrem immer noch vorhandenen Tatendrang benötigen sie jetzt doch mehr Schlaf und längere Ruhepausen, den früher so geschätzten Rennläufen ziehen sie nun dosierte Bewegungsübungen vor, und allmählich lassen auch Gehör und Sehkraft etwas nach. Bei farbigen Hunden schließlich beginnt das Haar an Fang und Oberkopf ein wenig zu ergrauen.

Altersgerechte Haltung und Pflege erfordern jetzt vor allem:

- Ein Mehr an Zuwendung durch die menschliche Bezugsperson, zumindest aber menschliche Nähe und einen warmen Ruheplatz mit einer weichen Unterlage.
- Einen Futterplan, der statt einer großen zwei bis drei kleinere Mahlzeiten vorsieht; diese sollten aus hochwertigen, leicht verdaulichen Nahrungsmitteln bestehen und mit Vitamin- und Mineralstoffzusätzen angereichert sein.
- Eine besonders sorgfältige Zahn- und Fellpflege.
- Mindestens eine jährliche Gesundheitskontrolle durch den Tierarzt. Bei Hündinnen ist, sofern nicht schon geschehen, jetzt häufig das Entfernen von Eierstöcken und Gebärmutter angezeigt, um Scheinträchtigkeiten und Schlimmeres zu vermeiden.

Wer die Anhänglichkeit und Zuneigung eines alternden Hundes erlebt hat, wird nun zunehmend ernsthaft darüber nachdenken, ob und wann

Untrügliches Zeichen des Alters: die grauen Haare am Fang

ein Nachfolger das Familienrudel ergänzen soll. Deshalb ist es tröstlich zu wissen, daß das Wohlbefinden unseres „Alten“ keinesfalls leidet, wenn jetzt ein Welpe oder Junghund ins Haus kommt, um einen kontinuierlichen Übergang zu sichern. Als die anerkannte „Nr. 1“ der Rangordnung wird unser Alter den Zuwachs gern akzeptieren und im Zweifel die denkbar beste Erziehungshilfe leisten.

Gerade einem alten Hund im Krankheitsfalle besondere Pflege zuteil werden zu lassen, sollte selbstverständliche Pflicht eines jeden Tierfreundes sein. Einen alten, unheilbar kranken Hund indessen nicht von seinen Leiden zu erlösen, heißt, ihn aus menschlicher Schwäche quälen.

Wenn Ihr alt gewordener vierbeiniger Freund nicht friedlich in seiner vertrauten Umgebung sterben kann, weil er durch eine erlösende Spritze vor einem schmerzhaften Dahinsiechen bewahrt werden muß, so ist es sicherlich kein Zeichen von Tierliebe, ihn jetzt beim Tierarzt allein zu lassen. Halten Sie ihn in Ihren Armen, damit er angstfrei die erlösende Injektion bekommen kann, und nutzen Sie so die letzte Möglichkeit, Ihrem Hund für seine Treue und Zuneigung zu danken.

Anhang

Danksagung

Wer ein Buch über Mischlingshunde verfaßt, das deren Liebhabern auch die für eine artgerechte Haltung unverzichtbaren Grundkenntnisse vermitteln soll, tut gut daran, sich in diesem Bereich auf die einschlägigen Standardwerke zu stützen. Daß mehrere davon im „eigenen Haus“, dem Parey Buchverlag, erschienen sind, machte mir den fachlichen Rückgriff leicht. Mein besonderer Dank für ihre freundliche Unterstützung gilt hier den Verfassern von „Pareys Hundebuch“, Herrn Dr. Wilfried Peper und Herrn Dr. Ulrich Kober, sowie Herrn Thomas A. Schoke, der sich mit „Hundeausbildung – modern, artgerecht und erfolgreich“ als Verfechter einer ebenso einfühlsamen wie erfolgreichen Hundeerziehung einen Namen gemacht hat. Wer es gut meint mit seinem Mischlingshund, sollte zur Vertiefung seiner Kenntnisse unbedingt auf diese Bücher zurückgreifen.

Zu Dank verpflichtet bin ich auch der Geschäftsstelle des Deutschen Tierschutzbundes, die bei der Erstellung der Tierheim-Adressenliste behilflich war, und Frau Claudia Pfister vom Tierschutzverein für Berlin und Umgebung – Tierheim Lankwitz sowie Herrn Wolfgang Poggendorf vom Tierheim Hamburg, die zahlreiche einprägsame Fotos ihrer Schützlinge beigesteuert haben.

Dr. Reinhard Barth

Anschriften, die Sie kennen sollten

Deutschland

Verband für das Deutsche Hundewesen e. V. (VDH)
Westfalendamm 174
44141 Dortmund
Tel.: 0 40 / 5 65 00-0

Interessengemeinschaft Deutscher Hundehalter e. V.
Auguststr. 5
22085 Hamburg

Deutscher Hundesportverband (DHV) e. V.
Geschäftsstelle
Gustav-Sybrecht-Str. 42
44536 Lünen

Wer einen Mischlingshund erwerben möchte, findet ihn am ehesten im Tierheim. In der Bundesrepublik gibt es mehrere hundert solcher Heime. Die Adresse des Ihnen am nächsten gelegenen Tierheimes, das Hunde verwahrt, erfahren Sie bei:

Deutscher Tierschutzbund e. V.
Baumschulallee 15
53115 Bonn
Tel.: 02 28 - 6 04 96 30

Nachfolgend eine Auswahl von Anschriften der Tierheime in größeren deutschen Städten:

AACHEN
Feldchen 26
52070 Aachen
Tel.: 02 41 - 15 46 76

AUGSBURG
Holzbachstr. 4c
86152 Augsburg
Tel.: 08 21 - 3 03 79

BERLIN
Dessauer Str. 21–27
12249 Berlin
Tel.: 0 30 - 76 88 80

BIELEFELD
Kampstr. 132
33659 Bielefeld
Tel.: 0 52 05 - 9 84 30

BOCHUM
Kleinherbeder Str. 23
44892 Bochum
Tel.: 02 34 - 29 59 50

BONN
Lambareneweg 2
53119 Bonn
Tel.: 02 28 - 63 69 95

BRAUNSCHWEIG
Biberweg 30
38114 Braunschweig
Tel.: 05 31 - 50 00 06-8

BREMEN
Hemmstr. 491
28357 Bremen
Tel. 04 21 - 35 22 14

BREMERHAVEN
Wurster Str. 220
27580 Bremerhaven
Tel.: 04 71 - 8 32 57

CHEMNITZ
Waisenstr. 11
09125 Chemnitz
Tel.: 03 71 - 6 76 24 12

COTTBUS
Am Großen Speerwehr 1
03044 Cottbus
Tel.: 03 55 - 7 29 64 10

DARMSTADT
Alter Griesheimer Weg 199
64293 Darmstadt
Tel.: 0 61 51 - 89 14 70

DRESDEN
Fischhausstr. 5
01099 Dresden
Tel.: 03 51 - 8 04 68 88

DUISBURG
Lehmstr. 12
47059 Duisburg-Neuenkamp
Tel.: 02 03 - 31 07 83

DÜSSELDORF
Rüdigerstr. 1
40472 Düsseldorf
Tel.: 02 11 - 65 18 50

ERLANGEN
Bayreuther Str. 70
91054 Erlangen
Tel.: 0 91 31 - 20 77 88

ESSEN
Grillostr. 24
45141 Essen
Tel.: 02 01 - 32 62 62

FRANKFURT AM MAIN
Ferdinand-Porsche-Str. 2–4
60386 Frankfurt/Main
Tel.: 0 69 - 42 30 05

FREIBURG IM BREISGAU
In den Brechtern 1c
79111 Freiburg
Tel.: 07 61 - 8 44 44

GELSENKIRCHEN
Willy-Brandt-Allee 449
45892 Gelsenkirchen
Tel.: 02 09 - 77 74 11

GÖTTINGEN
Auf der Hufe 4
37079 Göttingen
Tel.: 05 51 - 6 15 75

HALLE
Steffenstr. 18a
06114 Halle a. d. Saale
Tel.: 03 45 - 5 20 00 70

HAMBURG
Süderstr. 399
20537 Hamburg
Tel.: 0 40 - 2 11 10 60

HANNOVER
Evershorster Str. 80
30855 Langenhagen
Tel.: 05 11 - 97 33 98-19

HEIDELBERG
Speyerer Schnauz 3
69124 Heidelberg
Tel.: 0 62 21 - 2 09 48

HEILBRONN
Wimpfener Str. 118
74078 Heilbronn-Neckargartach
Tel.: 0 71 31 - 2 28 22

HILDESHEIM
Mastbergstr. 11
31137 Hildesheim
Tel.: 0 51 21 - 5 27 34

INGOLSTADT
Alfred-Brehm-Str. 12
85053 Ingolstadt
Tel.: 08 41 - 6 42 62

KAISERSLAUTERN
Altes Forsthaus 11
67661 Kaiserslautern
Tel.: 06 31 - 3 50 36 67

KARLSRUHE
Hermann-Schneider-Allee 20
76189 Karlsruhe
Tel.: 07 21 - 95 07 80

KIEL
Uhlenkrog 190
24109 Kiel
Tel.: 04 31 - 52 54 64

KÖLN
Vorgebirgsstr. 76
509690 Köln-Zollstock
Tel.: 02 21 - 38 18 58

LEVERKUSEN
Reuschenberger Str. 100
51379 Leverkusen
Tel.: 0 21 71 - 29 94 01

LÜBECK
Riesebergweg 20
23569 Lübeck-Kücknitz
Tel.: 04 51 - 30 69 11

MAINZ
Zwerchallee 13–15
55120 Mainz
Tel.: 0 61 31 - 68 70 66

MANNHEIM
Max-Planck-Str. 101
68169 Mannheim
Tel.: 06 21 - 31 64 93

MÖNCHENGLADBACH
Hülserkamp 74
41065 Mönchengladbach
Tel.: 0 21 61 - 60 22 14

MÜLHEIM AN DER RUHR
Horbeckstr. 35
45470 Mülheim/Ruhr
Tel.: 02 08 - 37 22 11

MÜNCHEN
Riemer Str. 270
81829 München
Tel.: 0 89 - 9 21 00 00

MÜNSTER
Munastraße
64839 Münster
Tel.: 0 60 71 - 3 61 54
und
64832 Babenhausen
Tel.: 0 60 73 - 6 42 99

NÜRNBERG-FÜRTH
Stadenstr. 90
90491 Nürnberg
Tel.: 09 11 - 91 98 90

OFFENBACH
Rheinstr. 2a
63071 Offenbach/Main
Tel.: 0 69 - 85 81 79

OSNABRÜCK
Zum Flugplatz 3
49078 Osnabrück
Tel.: 05 41 - 44 21 02

PADERBORN
Hermann-Löns-Str. 72
33104 Paderborn
Tel.: 0 52 54 - 1 23 55

PFORZHEIM
Hinter der Warte 37
75177 Pforzheim
Tel.: 0 72 31 - 5 20 98

POTSDAM
Am Wildpark 1
14469 Potsdam
Tel.: 03 31 - 97 30 33

RECKLINGHAUSEN
Waldstr. 2a
45661 Recklinghausen
Tel.: 0 23 61 - 6 75 93

REGENSBURG
Pettendorfer Str. 10
93059 Regensburg
Tel.: 09 41 - 8 52 71

REMSCHEID
Schwelmer Str. 86
42897 Remstedt
Tel.: 0 21 91 - 6 42 52

REUTLINGEN
Im Stettert 1–3
72766 Reutlingen
Tel.: 0 71 21 - 49 22 10

ROSTOCK
Tierheim Schlage
Birkenstr. 14
18196 Pankelow

SALZGITTER
Neißestr. 152
38226 Salzgitter
Tel.: 0 53 41 - 4 78 86

SCHWERIN
Kirschenhöver Weg 1
19057 Schwerin
Tel.: 03 85 - 4 78 01 20

SIEGEN
Heidenbergstr. 91
57072 Siegen
Tel.: 02 71 - 31 06 20

STUTTGART
Furtwänglerstr. 150
70195 Stuttgart
Tel.: 07 11 - 69 66 09

ULM/NEU-ULM
Örlinger-Tal-Weg 40
89081 Ulm
Tel.: 07 31 - 6 59 06

WIESBADEN
Spelzmühlweg 1
65187 Wiesbaden
Tel.: 06 11 - 70 25 64

WITTEN
Wetterstr. 77
58453 Witten
Tel.: 0 23 02 - 6 44 50

WOLFSBURG
Forstweg 42
38442 Wolfsburg
Tel.: 0 53 62 - 5 10 63

WUPPERTAL
Zur Waldkampfbahn 42
42327 Wupperthal
Tel.: 02 02 - 73 51 36

WÜRZBURG
Elferweg 30
97074 Würzburg
Tel.: 09 31 - 8 43 24

ZWICKAU
Mühlweg abseits
08149 Vielau
Tel.: 03 75 - 47 33 00

Rat und Auskunft zum Thema „Mitnahme eines Findlings vom Urlaubsort“ gibt:

Tierhilfe Mallorca e. V.
Marktplatz 6
65428 Rüsselsheim
Tel.: 0 61 42 - 1 64 60

Literatur

BRUNNER, F., 1994: Der unverstandene Hund. Augsburg

BURNS/FRASER, 1968: Die Vererbung des Hundes. Reutlingen

KLEVER, U., 1972: Dein Hund, das unverstandene Wesen. Stuttgart

RÄBER, H., 1978: Brevier neuzeitlicher Hundezucht. Bern und Stuttgart

TRUMLER, E., 1972: Mit dem Hund auf Du – Zum Verständnis seines Wesens und Verhaltens. München und Zürich

TRUMLER, E., 1977: Hunde ernstgenommen. München und Zürich

ZIMEN, E., 1979: Wolf und Hund. München

Weiterführende Literatur aus dem Parey Buchverlag

ASKEW, H. R., 1997: Behandlung von Verhaltensproblemen bei Hund und Katze.

BEYERSDORF, P., 1997: Dein Hund auf Ausstellungen. 3. Auflage.

GASKELL, R., BENNET, M., 1998: Infektionskrankheiten bei Hund und Katze.

HEGENDORF, REETZ, H., 1980: Der Gebrauchshund – Haltung, Ausbildung und Zucht. 14. Auflage.

KOBER, U., PEPER, W., 1995: Pareys Hundebuch. 2. Auflage.

KRAFT, W. (Hrsg.), 1998: Geriatrie bei Hund und Katze.

KRINGS, M., PEPER. E., 1996: Der kindersichere Hund.

LINNMANN, S. M., 1998: Die Hüftgelenksdysplasie des Hundes.

MEYER, G., MEYER, H., 1998: 25 Hundeporträts.

MEYER, H., ZENTEK, J., 1998: Ernährung des Hundes. 3. Auflage.

POORTVLIET, R., 1987: Mein Hundebuch. 2. Auflage.

SCHOKE, TH. A., 1998: Erziehung und Ausbildung des Hundes.

SCHOKE, TH. A., 1998: Hundeausbildung – modern, artgerecht, erfolgreich.

WEIDT, H., 1996: Der Hund, mit dem wir leben: Verhalten und Wesen. 3. Auflage.

Bildnachweis

Seiten 2, 12, 16, 20, 37, 57, 91, 97
CLAUDIA PFISTER, Berlin
Seite 7
D. J. COX/OKAPIA Frankfurt.
Aus: Th. Schoke, Hundeausbildung.
Parey Buchverlag, Berlin 1998
Seiten 10, 30, 31, 33, 45, 66, 79, 83, 85, 87
ULRICH GRIMM, Berlin
Seiten 14, 38, 63
Archiv Parey Buchverlag, Berlin
Seiten 18, 73, 79
REINHARD BARTH, Hamburg
Seiten 28, 29, 39, 43, 49, 50, 52, 53, 65, 69
WOLFGANG POGGENDORF, Hamburg
Seite 61
THOMAS SCHOKE, Berlin.
Aus: Th. Schoke, Hundeausbildung.
Parey Buchverlag, Berlin 1998
Seite 89
GABRIELE NIEPEL, Bielefeld.
Aus: G. Niepel, Der Briard.
Parey Buchverlag, Berlin 1997

Zeichnungen
Seiten 22–27
GISELA JAHRMÄRKER, Berlin
Seiten 40, 95
Archiv Parey Buchverlag, Berlin